두 글자

펴낸곳 · 도서출판 위즈덤하우스

국립중앙도서관 출판예정도서목록(CIP)

두 글자 : 일상과 운동을 엿보다 / 저자: 이학준. -- 서
울 : 시간의물레, 2016
    p. ;   cm

ISBN   978-89-6511-156-6 03190 : ₩10000

인생론[人生論]

199.1-KDC6
179.9-DDC23   CIP2016014502

두 글자,

일상과 운동을 엿보다

이 학 준

도서출판 시간의물레

머리말

우리는 매일 일상적으로 기계적으로 산다. 안락과 편리하게 살기 위해 아니면 살아남기에 힘이 들기 때문인지 알 수는 없지만 그냥 그렇게 산다. 자동화된 기계처럼 생각 없이 일상을 살아간다. 그렇게 살면 마음은 편하겠지만 삶의 의미를 발견하지는 못한다.

생각하면서 날마다 삶의 의미와 보람을 찾아서 사는 것이 아무 생각 없이 기계처럼 사는 것 보다 더 풍성하다는 것을 머리로 알고 있지만 실천으로 옮기지 못한다. 현실은 생각하기 귀찮다는 이유로 생각하지 않고 기계적으로 산다. 그러면 남는 것은 없다.

한 해 동안 나는 두 글자로 글을 써보기로 했다. 일상과 운동에 관한 이야기를 하나씩 매일 기록했다. 생각을 정리한 글들이다. 매일 마주하는 일상 이야기와 운동과 관련된 것들이 대부분이다. 깊이 있게 생각하고 폭 넓게 살펴본 내용들이다.

한 인간이 일상에서 어떤 생각을 하고 살까? 그 궁금증을 이 책에서 만나게 될 것이다. 가볍게 넘겨버릴 수 있는 일들에 대한 곰곰이 생각해낸 기록이다.

하이데거의 말처럼, 우리는 일상의 잡담, 애매함, 호기심에 빠져서 자기를 잃어 가고 있는지 모른다. 일상에 빠져서 함몰되지 않기 위해서 고민이 때로는 필요하다. 더욱이 자신이 누구인가를 알려고 한다면 말이다. 나는 누구인가에 대한 자기 이해는 자기 이야기에서 찾을 수 있다.

자신의 삶에 대하여 말하고, 이야기 하고, 기술하는 과정에서 자기를 이해할 수 있게 된다. 자기의 해석학은 바로 자기를 대상으로 말과 글을 통해 표현해 낸 텍스트 읽기를 통해 가능하다. 그 가능한 근거들이 이 책의 내용이다. 한 인간의 자기 이해는 일반 인간을 이해하는 데 디딤돌이 된다.

이학준 씀

2부. 운동

1부. 일상

바보

"바보는 자기가 바보인지 모른다"

바보라는 말은 지적능력이 부족하여 말과 행동이
어눌할 때 듣는 말이다. 놀림이나 조롱할 때 많이 사
용한다. "누구, 누구는 바보래요," 하는 놀림과 낙서
를 어리시절 보면서 자라왔다. 진짜 바보이기 보다는
짓궂게 장난으로 하는 말이다. 누군가를 바보라고 놀
릴 때 바보라고 놀리는 사람 역시 바보일 수 있다.
자신은 바보가 아니라고 생각하지만 결국 바보가 될
수 있다.

실제로 바보는 아니지만 바보처럼 살 수밖에 없
는 일들이 너무 많다. 알면서도 어쩔 수 없이 바보
가 되는 경우가 종종 있다. 바보는 바보라는 사실
을 모르기 때문에 불행하지 않다. 생각의 폭이 그

만큼 좁다. 하지만 자신이 바보라고 생각하는 사람은 불행하다. 왜냐하면 자신이 바보처럼 살고 있다는 것을 너무나 잘 알고 있기 때문이다.

지적 능력이 부족함만을 가지고 바보라고 한다. 하지만 지적 능력이 뛰어나도 바보가 될 수 있다. 이런 부류의 사람들을 주위에서 얼마든지 볼 수 있다. 지적 능력이 부족하지만 바보가 아닌 것 같이 행동한다. 자신이 옳다고 생각하는 것을 말하고 행동한다. 행동이 일관 된다. 잔머리를 써서 이해관계에 따라서 행동하지 않는다. 자신이 생각하는 그대로 행동한다. 거짓말도 모르고 진실만을 말한다.

실제 바보는 너무나 똑똑해서 바보가 되는 경우가 있다. 바보를 '먹고 잘 줄 아는 시체'라고 조롱하지만 실제로 바보는 따로 있다. "바보는 계획도 없고, 생각도 없고, 저항도 없고, 문명도 없다. 그런 곳에서 사는 사람들은 바보이고 천치이다. 그들에게는 자의식을 필요로 하는 권태와 같은 것도 없다"(구연상, 2008: 394).

다윈의 말처럼, 살아남는 자는 똑똑하고 강한 것이 아니라 주변 환경에 적응을 잘하는 개체라고 한다. 바보는 환경이 변해도 살아 갈 수 있다. 그렇기 때문에 바보라고 손가락 짓을 받아도 살아가는데 별 문제가 없다. 다른 사람을 별로 의식하지 않기 때문이다. 자신의 삶만을 살아가면 된다.

인정을 받기 위해 노력할 필요도 없다. 다만 열심히 자신의 삶만 살아가면 된다. 주변에 신경 쓸 필요가 없다. 하지만 바보가 아님에도 불구하고 바보처럼 사는 사람은 의외로 많다. 이해관계 때문에 비굴하게 바보처럼 행동한다. 살아남기 위한 일종의 전략이다. 이런 사람들은 기회가 생기면 자신의 본모습을 너무나 빠르게 바꾸면 숨겨왔던 본색을 여실이 들러낸다. 이전에는 없던 권력과 지위가 생겼기 때문이다.

식민지 시절에 친일파라고 하는 사람들은 생존 능력이 빠른 사람들이다. 주변의 강한 힘 때문에 바보처럼 사는 일이 많다. 할 말은 하고 살아야 하는데, 자신이 옳다고 생각하는 대로 살아야 하는데, 기회에 따라서 말과 행동을 쉽게 변하는 것은 바보가 아니고 무엇이라고 할까.

우리는 바보라고 비웃지만 바보처럼 살고 있지 않나 생각해 봐야 한다. 바보라고 놀리고 있는 자신은 사실 더 바보일 수 있다. 그것을 모르고 있으니까 더 바보이다.

영화 '바보'는 우리 주변의 주인공이 못되는 타자로서 존재하는 인물이다. 그런 바보는 인간성과 사랑이 넘쳐난다. 엄마가 죽어가면서 동생을 잘 보살피라고 한 말을 바보는 잘 지킨다. 동생이 싫어하지만 바보는 내색하지 않고 동생을 보살핀다. 토스트 가게를 운영하면서 자신보다는 동생을 위해 모든 것을 한다. 그런 바보 오빠를 둔 동생은 창피하다고 오빠를 멀리한다. 바보 오빠가 죽고 나서 동생은 자신을 바보 동생이라고 몇 번이나 반복한다. 어쩔 수 없는 가족이라는 끈에서 벗어날 수 없다.

자신이 해야 할 일을 벽에다 써놓고 매일 매일

읽고 잊지 않고 지켜나가려는 바보는 진짜 바보가 아니다. 우리 주변에는 자신이 무슨 일을 해야 하는지 잘 모르는 바보들이 넘쳐나고 있다. 몇 푼 쥐어주는 돈 때문에 비굴해지며 바보(꼭두각시)가 되는 일이 부지기수이다. 가족을 부양해야 된다는 핑계 아닌 핑계를 대면서 말이다. 그것은 엄연히 바보 같은 짓에 불과하다.

상어

"육지에도 상어가 산다"

상어는 바다 속의 최종 포식자이다. 모든 물고기의
무서움이 대상이자 경계하는 대상이기도하다. 상어
라고 모두 같은 상어가 아니다. 식인상어는 따로 있
다. 영화 '죠스'처럼 식인상어는 사람을 잡아먹는다.
상어는 사람을 피하지 않는다. 사람들조차 상어를 두
려워한다. 왜냐하면 사람 역시 상어의 공격대상이기
때문이다. 사람이라고 상어는 봐 주지 않는다. 다른
물고기와 똑 같은 먹이 감일 뿐이다.

바다에만 사는 상어가 육지에서 발견된다. 이 말은
이해가 되지 않는다. 상어는 물고기 때문에 물에서만
산다. 육지로 나오면 바로 죽는다. 그 상어는 진짜
바다에 서식하는 그런 상어가 아니라 사람의 모습을

한 상어들이다. '뛰는 놈 위에 나는 놈 있다'는 속담처럼 가만히 먹이 감을 보고 있다가 최후에 잡아먹는 인간 상어들이 도처에 있다. 사람들을 상대로 사기를 치는 부류들이다. 바보처럼 자신의 모습을 감추고 있다가 기회가 되면 본색을 들러낸다.

독립영화 '상어'는 일상 속 상어들의 모습을 재인식하게 만든다. 일상의 생활세계를 있는 그대로 잘 재연하였다. 신문에서나 볼 수 있는 사기행각을 영화속에 잘 그리고 있다. 친절하게 대하지만 상대의 약점을 잘 알고 있기 때문에 그것을 이용해서 사기를 치고 잡아먹는다.

도박장에서 잠만 자면서 한심하게 도박만을 구경하는 사람이 있다. 모두들 그를 불상이 여긴다. 너무나 불쌍해서 도박하는 사람들이 돈을 준다. 하지만 그는 그 돈을 가지고 자신도 도박을 할 수 있게 기회를 달라고 한다. 자신의 모습을 철저히 감추고 있다가 잡아먹을 기회가 생기면 못하는 척 하면서 돈을 모두 따버린다. 바보인줄 알고 놀리던 대상에게 결국에는 잡혀 먹인다.

다방의 아가씨는 시골에서 상경한 총각을 상대로 마음 좋게 생겼다고 언제 한번 마음 통하는 사람들끼리 만나 술 한번 먹자고 제안한다. 시골 총각은 그것을 그대로 믿고 술 한 잔을 한다. 마침내 함께 술을 마시다 취하여 잠이 들었고, 다방 아가씨는 마시지도 않은 빈양주병을 술 자리게 가려다 두었다. 총각이 깨어났을 때 술을 마셨다고 술값을 내라고 한다. 결국 사기를 당하고 만다.

주변에는 상어들이 넘쳐난다. 잘 보고 상어 주위에는 가지 말아야 한다. 상어 주위에 있다가 잡아 먹인다. 상어가 있나 잘 살펴보아야 한다. 어쩔 수 없이 상어 가까이 가게 될 경우는 상어의 노림수를 잘 읽고 잡아먹히지 않게 신경을 곤두세워야 한다. 그렇지 않으면 언제 가는 잡아 먹이고 만다. 여기서 잡아 먹인다는 말은 이용당한다는 것이다. 그것이 경제적이든 아니면 다른 것이든 이용당할 가능성이 높다.

숨죽이고 가만히 있다가 기회가 되면 자신의 본색을 들러내고 자신의 이익을 챙긴다. 주변에 상어가 있나 잘 살펴보아야 한다. 가만히 있다가 기회가 생기면 나타난다. 나타나서 싹쓸이를 한다.

육지에도 상어가 넘쳐난다. 인간을 상대로 하는 상어가 널려 있다. 상어를 피해야 한다. 상어에게 잡아먹히지 않기 위해서 신경을 써야 한다. 그렇다고 모든 사람을 의심해서는 안 된다. 하지만 상어를 분간할 수 있는 식별 안을 가져야 한다. 가지고 있지 않기 때문에 누가 상어인지 알지 못한다. 유심히 지켜보고 상어를 찾아내서 벗어나야 한다.

공짜로 무엇을 주거나, 감투를 주면서 같이 일하자고 하는 경우는 거의 대부분 미끼이다. 세상이 공짜가 없다. 공짜를 잘 확인해야 한다. 그것은 나를 잡는 미끼일 수가 있다. 상어에게 잡혀 먹히지 않기 위해서는 상대의 의도를 빨리 파악하는 것이 현명한 행동이다.

더 이상 상어를 무서워하고 두려워하여 피하지 말고 상어를 어떻게 잡을 수 있을까 고민할 필요가 있다. 상어 고기는 다른 물고기 보다 비싸다. 잘만 되면 돈이 된다. 상어를 피하지 말고 잡아야 한다. 잡는 방법은 간단하다. 상어의 공격을 미리 알고 대비

해서 역공을 펼치는 것이다. 자신을 잡아먹으려 할 때가 가장 좋은 기회일 수 있다.

항상 위기는 기회이다.

인정

"인정할 때 인정받는다"

　누군가로부터 인정을 받는 것은 기분 좋은 일이다. 그것도 자신이 전문으로 하는 분야에서 같은 분야의 사람들에게 인정을 받는 것은 기쁜 일이다. 사람들은 서로에게 인정을 받기 위해 끊임없는 투쟁을 하고 있다. 즉 인정투쟁이다.

　인간의 욕구 중에서 인정욕구는 강하게 작용하면 지배욕구가 된다. 그 과정에서 주인과 노예로 구분된다. 주인은 노예에게 지배 욕구를 강화해서 인정을 받으려고 한다. 노예의 입장에서는 주인과 대등한 위치에 서려고 인정을 바란다. 그 과정에서 갈등과 투쟁이 생긴다. 결국에서 가서 노예가 주인과 대등한 관계가 되면 서로에게 상호 인정을 요구하게 된다.

문제가 발생하는 요지는 상호 인정을 하지 않는데 서 발생한다. 개인과 개인 간의 관계, 국가와 국가 간의 관계 등 대등욕구는 모두 다 적용된다. 상호 인 정을 통해서 대등한 관계가 성립되면 문제가 발생하 지 않는다. 서로 인정하지 않기 때문에 전쟁이 되고 싸움이 된다.

학회에서도 회장을 연임하려는 것은 독재자가 계 속 지배하려는 의지와 같다. 자신의 지배력을 강화해 서 인정 욕구를 실현하려고 하기 때문이다. 학회에 서 인정을 받지 못하기 때문에 권력을 사용하여 회 원을 지배하려고 한다. 그 때문에 분란이 생기고 만 다. 그래서 한번 잡은 권력은 쉽게 포기하지 못하고 장기 집권을 강행한다. 학회 역시 회장의 지배 욕구 가 넘칠 때 문제가 된다.

학자가 인정을 받기 위해서는 논문으로 보여주어 야 한다. 잘 쓴 논문은 학자의 능력을 보여주는 바로 미터이다. 이 논문을 통하여 동려들로부터 인정을 받 는다. 역으로 학회장이란 권위를 이용한 동려학자들 의 인정은 겉으로 들어난 인정일 뿐이다. 실재로 인정을 하지 않고 외관으로만 인정하는 것이다. 자신이 힘을 기울여 작성한 훌륭한 논문은 곧 같은 동려들에게 인정과 존중을 받게 된다.

하지만 학자가 논문으로 말하지 않고 지배 욕구를 통해서 회원을 장악하게 되면 오래가지 못한다. 왜냐하면 논문이 아니라 권력을 통해서 인정을 받았기 때문이다. 학자는 논문으로, 정치가는 정치적 행위로 자신의 능력을 보여주고, 그것을 통해서 동료들에게 인정을 받으면 된다. 그 인정이 오래 동안 지속되면 존경을 받을 수 있다.

인정투쟁은 사람들이 사회를 구성하고 살아가는 동안 사라지지 않고 끊임없이 반복된다. 인간이 인정을 받으려는 욕구가 사라지기 전에는 말이다. 하지만 우리가 노력하는 이유 또한 자신의 노력한 행위에 대한 정당한 인정을 받기 위함이다. 상호 인정을 통해서 살기 좋은 사회, 국가, 학회를 만드는 것이 요구되는 이유도 여기에 있다.

강제적 힘을 사용해서 타자로부터 받게 되는 인정은 힘이 사라지면 동시에 사라진다. 강압에 의한 인정이 아니라 자발적 인정이 있을 때 그 위력은 사라지지 않고 지속된다. 자신이 타자로부터 인정을 받기 위해서는 강압을 사용하기 보다는 자신의 위치에서 실력을 보여줌으로서 인정을 받을 수 있어야 한다.

타자를 인정하는 것에 궁색해서는 안 된다. 인정할 것은 인정하는 것은 필요하다. 그래야 인정투쟁이 사라지고 상호 인정하는 대등한 관계가 성립된다. 주인과 노예 역시 서로간의 인정을 요구한다. 하지만 그 인정이 강압에 의한 인정이 아니라 마음에서 우러러 나오는 인정이어야 한다. 그 때 주인과 노예의 관계는 지속성을 얻게 된다.

우리가 살아가는 동안 다른 사람들에게 인정을 받기 위해 노력한다. 하지만 그 인정이 어렵다고 강압을 이용한 지배 욕구를 등장시켜서는 안 된다. 진정한 노력을 통하여 그 진가를 발휘할 수 있도록 해야한다. 최선의 삶을 살아 갈 때 인정을 자연스럽게 얻게 된다. 인위적으로 얻게 되는 인정은 인위적인 것이 사라질 때 함께 사라지고 만다.

운명

"운명을 사랑하라"

운명을 사랑하라. 니체의 말은 젊은 시절에는 귀가
에 잘 들어오지 않았다. 나이가 늘어가면서 어쩔 수
없이 운명을 받아들여야 한다는 생각이 지배적이다.
젊음은 도전과 용기 그리고 열정이 있기 때문에 무
슨 일이든지 할 수 있다는 자신감이 넘쳐난다.

신이 인간에게 선물로 주었다는 자유의지를 통하
여 얼마든지 운명을 개척해 갈 수 있다는 오만을 가
지게 된다. 하지만 나이를 먹는 과정에서 자신의 의
지와는 상관없이 이상한 쪽으로 흘러간다. 어쩔 수
없는 운명에 끈에서 자유롭지 못한 것을 경험한다.
우연이라고 치부하기에는 분명히 문제가 있는 일들
이 인생에서 빈번히 일어난다. 자신이 생각하지도 못

한 경우들이 어느 날 갑자기 발생한다.

한 예를 들어보자. 어느 날 밤 집에 도둑이 들었다. 주인은 가족을 보호하기 위하여 야구방망이로 도둑의 머리를 때려서 숨지게 하였다. 그 행위가 정당한 행위였음에도 불구하고 과잉 행위로 구속을 당하여 교도소 생활을 하게 된다. 그 결과 가족과 단절을 하게 되었으며, 그의 형량을 늘어나면서 가족과의 관계가 멀어진다. 생활고에 어려움을 겪는 부인과 아이들은 자신을 집을 처분하고 살길을 찾는다. 그 생활이 지속되면 남편과 이혼을 하게 된다. 이 경우는 자신의 의지와는 관계없이 어느 날 자신에게 생긴 사건 때문에 운명이 바뀌게 되는 경우이다. 잘 나가던 사장에서 전과자가 되어서 교도소 생활을 하게 된 것이다.

이 같은 운명의 장난을 어떻게 받아들려야 하는가. 피할 수 없는 경우라고 할 수 있는지. 그 많은 집중에 하필이면 자신의 집에 도둑이 들어오고, 그 도둑이 자신이 휘두른 야구 방망이게 죽게 된 것은 운명의 장난일 수밖에 없다. 우연의 일치라고는 볼 수 없다. 이것 역시 극복할 수 있는 사건이며 이 위기를 극복하여 기회를 만들 수 있다고 주장할 수 있다. 하지만 이러한 환경의 변화는 운명이라고 밖에 말할 수 없다. 무기력하게 당하는 수밖에 없다. 하필이면 자신이 휘두른 야구 방망이게 도둑이 죽게 되는 황당한 경우이다. 부상을 당할 수도 있는데 어떻게 절명하게 되었나. 운명이 자신을 엄습했기 때문이라고 밖에 받아들일 수 없다.

자신의 삶에서 생기는 사건에 대하여 응답하는 것이 삶이다. 도전과 응전은 삶에서도 적용된다. 나날이 무슨 일이 생길 것인지 인간으로서 도저히 알 수가 없다. 사건과 사건의 연속이 삶이다. 새로운 일을 해결하고 그리고 또 새로운 일이 생기게 되면 그 일을 해결하는 과정이 삶이다. 어쩔 수 없이 운명에 따라 살아갈 수밖에 없다. 그렇다고 내일을 준비하고 새로 생긴 일을 준비하면서 살 수도 없다. 새로운 일에 대한 해결능력을 키워서 어떤 문제가 발생해도 주눅 들지 않고 능동적으로 해결할 수 있는 능력을 기르는 것이 필요하다. 당황하지 않고 새로운 문제를 잘 적응해서 해결하면 된다. 그렇게 되면 운명의 장난에서 자신을 지킬 수 있다.

그렇다면 운명을 숙명이라고 모든 것을 포기하고 되는 대로 살아가서는 물론 안 된다. 운명이 어쩔 수 없다고 해도 그 안에서 해결책을 찾아야 한다. 일단 운명을 숙명으로 받아들이고 잘 해결할 수 있는 능력이 필요하다. 그 능력이 부족하면 운명의 장난에 말려 들어가서 살 수밖에 없다. 운명 속에서 자신의 운명을 받아들이고 그것을 헤쳐나 갈 수 있도록 노력하는 삶이 그래서 필요하다.

앞으로 어떤 문제가 인생에 나타날지 아무도 모른다. 하지만 준비된 마음가짐은 어떤 일이라도 해결할 수 있다는 자신감을 가지게 한다. 그 자신감은 오만하지 않으면 능력 안에서 해결하려는 인간의 모습이어야 한다. 과잉되지 않고 겸손하면서 해결할 수 있어야 한다.

읽기

"잘 읽어야 잘 쓸 수 있다"

읽는 다는 것은 정보를 수집하는 행위이다. 생각거리, 판단거리를 얻을 뿐 아니라 읽기 그 행위 자체에서 생각을 하게 된다. 문제를 발견하고 그 문제를 해결하기 위한 방안들은 책에서 찾을 수 있다. 일상생활 속에서 부딪히게 되는 일과는 다른 학문적인 고민을 할 수 있는 근거가 되는 것이 읽기이다.

잘 읽어야 잘 쓸 수 있다. 읽는 행위가 글 자체만을 읽게 되면 아무런 도움이 되지 않는다. 생각하면서 읽는 것이 제대로 된 읽기이다. 생각 없이 읽어대는 것은 글자 읽기에 불과하다. 그냥 아무런 생각 없이 읽기 그 자체에 빠지는 것을 경계해야 한다. 그냥 시간 죽이는 책읽기가 아니라 필요한 정보와 지식을 얻는 읽기여야 한다.

읽기는 시간을 소모하는 시간 죽이기가 아니다. 생각거리를 찾거나 필요한 지식과 정보를 얻기 위한 시간이다. 부지런해야 책을 많이 읽을 수 있다. 수많은 자투리 시간이 있지만 게으름 때문에 책 읽기를 다음으로 미루는 게 대부분이다. 그렇게 되면 결국 그 책은 읽지 못하게 된다.

과거에는 과연 어떻게 사람들이 살았고, 무슨 문제로 고민하며 어떻게 그 문제를 해결했는지 알 수 있다. 직접 배우지 못하는 것을 책 읽기를 통해서 배우게 된다.

문맹자가 많을수록 국가가 독재할 가능성이 높다. 국민들이 무지하기 때문에 국가에 대한 비판과 저항을 꿈도 꿀 수 없다. 하지만 글 읽기를 배워 책을 읽을 수 있게 되면 무엇이 올바른지 아닌지를 곧 알게 된다.

세상은 반복되기 때문에 자신이 고민하는 문제나 혹은 국가, 사회 문제를 과거에 살았던 사람들은 어떻게 해결했나를 책을 통해서 배우게 된다. 글로 남겨두었기 때문에 읽기를 통해서 쉽게 알 수 있다. 우리는 과거에 살지는 못했지만 과거를 살았던 사람들이 남겨놓은 기록을 통하여 과거의 사람들의 의식과 생각들을 읽어낼 수 있다.

무엇보다도 중요한 것은 읽는 능력이다. 능력을 키우기 위해서는 많은 읽기 훈련이 필요하다. 자신에게 필요한 교육이다. 읽는 재미와 더불어 정보와 다른 사람들의 생각을 만날 수 있다. 책이 있으면 고독이라는 것은 자연적으로 달아난다.

많이 읽어야 잘 쓸 수 있다. 알아야 무엇인가를 말할 수 있고 글로 쓸 수 있다. 아무런 정보가 없는 상태에서 글을 잘 쓴다는 것은 불가능에 가깝다. 많이 읽고 많이 생각하는 과정에서 생각이 넘쳐난 활자로 옮겨 적게 된다. 그렇게 되면 글쓰기는 아무런 문제가 되지 않는다. 문제는 별 고민 없이 글을 위한 글을 쓰게 되는 경우에 발생하게 된다.

강박관념과 책임감에서 마지못해 쓰는 글은 좋은 글이 되지 못한다. 다만 과제로서 어쩔 수 없는 글쓰기일 뿐이다. 좋은 글을 쓰기 위해서는 고민과 생각

그리고 독서를 통해서 내공을 길러 놓아야 한다. 읽지 않고 좋은 글을 쓰는 것은 불가능하다. 절실하게 말하고자 하는 것을 활자로 옮겨야 한다.

책은 다양한 언어로 되어 있기 때문에 다양한 언어를 익히게 되면 다양한 문화를 만날 수 있다. 문제는 어학이 생각보다 쉽지 않다는 것이다. 꾸준하고 지속적인 노력을 통해서 타국의 언어를 습득하게 된다.

책은 많지만 언어를 모르면 정말 읽어 낼 수가 없다. 다른 나라 책을 읽는 이유는 다양한 생각들을 만날 수 있기 때문이다. 자신의 언어권에서 통용되는 생각과 다른 나라에서의 생각을 발견할 수 있는 길이 책 읽기이다. 시간 나는 대로 읽다 보면 다음에 무슨 책을 읽어야 하는가에 대한 해답을 찾을 수 있다. 문제는 얼마만큼 읽느냐의 문제가 아니라 집중해서 잘 읽는 데 있다. 시간을 절약하면서 자신이 원하는 책을 조금씩 읽다보면 세상을 보는 혜안을 얻을 수 있다.

학교

"학교는 선택이다"

학교는 당연하게 국가에서 취학통치서가 나오면 가야 하는 것으로 알았다. 의무교육이기 때문에 국가에서 하는 일을 거역할 이유가 없었다. 어머니의 손에 끌려 태워나서 처음으로 학교라는 곳에 갔다. 그곳에는 내 또래의 아이들을 만날 수 있었다.

요즘처럼 학원에 모두 가기 때문에 학원에 가지 않는 아이들은 친구를 만날 수가 없지만 그 때는 달랐다. 밖에 나가면 쉽게 만날 수 있는 게 친구였다. 하지만 그 때는 학원이 없었다. 쉽게 모여서 밥 먹는 것도 잊고 그냥 열심히 놀았다. 그렇게 어린 시절을 보내게 되었다.

학교는 나이게 되면 자연적으로 가야 하는 곳으로

알았다. 학교에 가지 않으면 할 게 별로 없었다. 부모님 역시 일을 해야 하기 때문에 아이들을 학교에 보내는 것은 당연했다.

학교는 왜 필요한가. 이 문제는 지금까지 생각해 보지 못했다. 최근 이 문제에 대해 생각하게 되었다. 학교가 필요한 이유는 아마도 사회화 때문이라고 생각된다. 공장에서 상품을 생산하는 것처럼 국가에서 필요한 인간이라는 상품을 생산하는 곳이 학교이다. 이렇게 생각하는 것이 적당한 비유인지 모르지만 지금까지의 공부를 통해서 내가 인지하고 있는 학교라는 이미지이다.

학교라는 공교육을 통해서 국가에서 필요한 사람을 만들 수 있기 때문이다. 국가에 순종하는 인간을 교육이라는 과정을 통해 길러낸 것이다. 국가에 대한 서약, 위인에 대한 이야기, 바른생활 등 국가에서 요구되는 사항들은 학교에서 가르쳐서 국가에 필요한 사람을 양성하기 위함이란 의도가 있다.

똑같은 국정 교과서로 수업을 하기 때문에 우리의 의식 또한 획일화되고 기계화 된다. 국가에서 하는 모든 정책은 당연하게 생각하고 이의를 제기하거나 비판하지 못한다. 국가의 정책에 순종하는 인간이 예의 바르고 건강한 학생, 모범학생이라고 배워왔다.

학교는 왜 가야 하는가? 학교에 가서 좋은 것만 배우는 것이 아니다. 같은 또래의 아이들과 어울려 생활하다 보면 나쁜 것들을 배우게 된다. 싸움이나 욕설 등을 쉽게 접하게 되어 집에 와서 학교에서 배운 것들을 그대로 하게 된다.

그래서 학교에서 배우는 것이 없고 인성이 잘못 형성될 수 있다는 위기의식을 갖고 집에서 부모가 가르치는 홈 스쿨을 하는 가정이 늘고 있다. 이제는 누구나 다니는 학교가 아니다. 일부 뜻에 맞는 부모들이 모여서 자신들의 자녀를 위하여 대안학교를 만들어 소수정원만을 가지고 교육하는 곳이 생겨났다. 과거보다 선택의 폭이 넓어진 것이다. 학교에만 가야하는 과거에 비하여 의식 있는 부모들이 자신들이 원하는 교육을 자녀들에게 할 수 있는 대안학교들이 생겨난 것이다. 교사를 채용하거나 학부모들의 생각을 반영하고 믿을 수 있는 교육을 하게 되었다.

학교는 제도권 학교이어야 하는가? 제도권 학교가 학교의 전부는 아니다. 선택을 통하여 자녀를 믿을 수 있는 교사들에게 맡길 수 있게 되었다. 문제는 돈이다. 제도권 교육은 무상교육이지만 대안학교는 학교시설과 교육비로 많은 돈을 써야 한다. 경제적 부담에서 자유로울 수 없다. 하지만 학부모들이 자녀를 생각하면 그 정도의 돈은 문제가 되지 않는다고 생각한다.

대안학교까지 거리가 멀면 집이 통째로 이사를 할 정도이다. 이 같은 현상은 공교육이 무너지고 교사들의 권위가 실추되었기 때문이다. 직업으로서 교사는 생존을 위한 의무감으로 교육을 하기 때문에 학생들에게 관심이 없다. 기계적 수업과 무관심한 교사로 인하여 공교육이 믿을 수 없는 곳으로 받아들여지고 있다.

진짜 학교가 필요한 이유는 성장과 발달에 필요한 교육을 받기 위해서이다. 빠름을 지향하는 교육이 아니라 학생 개개인에 맞는 맞춤교육으로 성공한 인간을 만들기 보다는 인성을 갖춘 사람으로 키울 수 있는 그런 학교를 원하는 것이다. 믿고 맡길 수 있는 선생님이 있는 그런 학교가 필요하다. 작금의 학교에는 직업인으로서 교사들만이 넘쳐나는 것 같다. 단순히 일반화할 수 없는 일이지만 이런 방향으로 가고 있다.

약속

"약속은 구속이다"

약속은 하는 순간 곧 구속된다. 언제까지 해야 한다는 강박관념이 작용하기 때문에 모든 약속에서 자유롭지 못하다. 그 시간까지 꼭 해야 하는 구속력을 갖는다. 그렇기 때문에 쉽게 약속하는 행위는 자신을 감금하는 일이다.

약속하는 순간부터 나는 약속으로부터 자유롭지 못하고 감금당한다. 될 수 있는 한 약속을 하지 않고 사는 것이 자유롭게 살 수 있는 방법이다. 특히나 과제를 해야 할 경우 제한된 시간 안에 무엇인가를 해야 한다는 것은 힘든 일이다. 약속을 지키지 못할 경우에 도덕적 책임에서 더욱더 자유롭지 못하다.

약속이 단점만 있는 것이 아니라 장점 또한 존재

한다. 특이나 의지력이 약한 사람에게는 약속은 의지력을 강하게 할 뿐만 아니라 일정한 성취를 경험하게 한다. 책을 읽거나 글을 쓸 경우에 해당된다.

예를 들어 원고청탁을 받아들이고 마감이 정해지며 그 때 까지 해야 하니까 어쩔 수 없이 집중해서 일을 하게 된다. 만약 약속이 없다면 그 같이 일은 해낼 수 없다. 누가 힘든 일을 자발적으로 할 수 있겠는가. 놀이를 좋아 하고 자유를 갈망하는 존재에게는 말이다. 특히나 자유로운 삶을 갈구하는 사람에게는 약속은 하나이 짐이다. 하지만 약속이라는 구속은 학문적 성취나 일을 끝내는데 좋은 장점이 되기도 한다.

내 경우는 약속의 장점보다는 단점이 더 가까이 작용하는 것 같다. 지키지 못할 약속은 될수록 하지 않는 것이 좋다. 실현 가능성이 희박한 경우에는 더욱 더 그렇다. 지킬 가능성이 높지 않기 때문에 약속하는 순간부터 회피와 변명만을 생각하게 만든다.

약속을 하기 전에 실현 가능성을 철저하게 검토하고 약속을 하는 것이 좋다. 그래서 약속은 약속으로 이행될 수 있다. 타인과 하는 수많은 약속은 꼭 지켜야 하는 도의적 책임을 가지게 된다. 그 약속을 지키지 못할 때 감당해야 하는 사회적 비난을 생각하면 어쩔 수 없이 약속을 지키기 위해 자신을 혹사시킨다.

특이나 사회생활을 하는 과정에서 타인과 하는 약속은 신뢰가 중요하기 때문에 지켜야 한다는 생각이 지배적이다. 하지만 가족과 특이나 자식과 하는 약속을 그 순간을 모면하고자 하는 경우가 많다. 시간이 지나면 망각될 수 있다는 생각한다.

하지만 자식은 그 때 한 약속을 잊지 않고 지켜지기를 기대한다. 그 만큼 자식의 입장에서는 중요한 약속인데 정작 나에게는 잃어버린 약속이 되기 쉽다. 소홀히 하는 경우가 많은데 말로 너무나 쉽게 하는 약속은 특히 책임을 다해 약속을 이행해야 한다. 얼마나 소중한 가족과의 약속인가.

타인과의 약속은 엄격하게 지켜지지만 자신만의 약속은 쉽게 잃어버리게 된다. 금주나 금연의 경우 약속은 오래가지 못한다. 그것은 중독 현상 때문이다. 그 강력한 중독에서 자신과의 약속을 지키기 위해서는 인내와 극기의 과정이 요구된다. 한 번 한 약속은 타인이거나 그것이 자신이거나 꼭 지킬 수 있는 강한 책임감이 필요하다.

지킬 수 없는 약속을 하지 않는 것이 좋다. 어쩔 수 없이 약속을 하게 되는 경우 그 책임을 져야 한다. 그래야 약속을 자신의 발전을 위한 약속이 될 수 있다. 자신을 구속하고 감금하는 약속이 아니라 자신의 잠재력을 발견하고 발휘할 수 있도록 작동하는 약속이 되도록 활용하는 지혜가 필요하다.

영어

"영어에 미쳤다"

온통 나라가 영어에 미쳤다. 영어를 잘해야 출세를 하고 높은 사회적 지위를 얻을 수 있다. 이게 현실이라고 모두가 확신한다. 영어를 모국어로 사용하지 않는 나라에서 영어를 잘하기 위해서는 많은 시간과 경제적 비용이 들어간다. 개인의 자유시간이 그 만큼 축소된다. 영어가 취미가 아니라면 자신의 의지를 영어에 묶게 되는 것이다.

영어 하나만을 쏟아 붓는 경제적 비용은 정확하지 않지만 엄청나다. 그 만큼 국가의 경제적 비용이 영어 학습에 들어간다. 영어를 사용하는 국가에서 태어나서 영어를 가르치고 수입을 올리는 사람들이 있다. 단지 영어권 국가에서 태어나 영어를 말 할 수 있다는 이유 때문에 아이들에게 존경과 부러움을 받는다.

약소국 대한민국에 태어났기 때문에 생존하기 위해서는 외국어를 할 수밖에 없다. 하지 않고도 얼마든지 살 수 있지만 생각만큼 쉽지는 않다. 왜냐하면 그 만큼 삶의 영역이 축소되고 경제적 약자가 될 수 있기 때문이다. 식민지 경험을 가진 한국은 제국주의 언어, 강대국의 언어를 해야지 성공을 보장받을 수 있었다. 어쩔 수 없이 잘 살기 위해서는 강대국의 언어습득을 통하여 기회를 얻어 출세 할 수 있었다.

중국과의 사대주의 관계에 있었을 당시에 지배층은 중국의 글과 말을 사용하였다. 일본의 식민지 상태에서는 일본어를 사용해야 했다. 그래서 친일한 이들은 경제적 부를 얻을 수 있었다. 해방 후 미국과의 관계, 최근 신자유주의가 지배하는 상황에서 영어는 출세의 보증 수표가 되었다. 이 모든 것은 식민지 민족이 당해야 하는 억울함이다.

대한민국 국민 모두가 영어를 잘 할 필요는 없다. 모든 국민이 외국을 상대로 무역을 하는 것도 아닌데 모두가 영어에 미쳐있다. 국가에서 영어에 대한 교육비를 줄여주기 위하여 영어마을, 초등학교부터 중학교, 고등학교까지 영어 원어민 교사를 채용해서 영어를 가르치고 있다.

한국어도 잘 하지 못하는 초등학생들에게 영어만이 살길이라고 영어를 가르치고 있다. 영어만 잘하면 대단한 것처럼 본다. 대한민국 어디가나 영어 얘기이다. 영어 안하면 살기 어렵다는 생각을 가지게 한다. 역으로 생각해서 영어는 외국인과 의사소통하는 방법이기 때문에 자신의 영역을 확장할 수 있다. 국내에만 한정하는 것이 아니라 해외로 자신의 영역을 확장해 갈 수 있다는 이점이 있다. 그 만큼 삶의 폭이 넓어진다.

외국어를 잘 한다는 것은 다양한 삶을 살 수 있는 기회가 된다. 모국어만을 사용하면 특정 언어권 내에서 행동해야 하는 행동반경이 제한적이다. 모국어를 사용하는 국가 내에서 살아야 한다. 하지만 외국어를 사용하게 되면 그 만큼 삶의 영역과 또 다른 삶을 살 수 있다는 장점이 있다.

문제는 언어를 습득하는데 오랜 기간이 걸린다는

점이다. 선택의 문제이다. 오랜 시간을 투자해서 외국어를 습득할 것인가 아니면 그 시간과 경제적 비용을 다른데 사용할 것인가. 외국어는 필수가 아니라 선택이다. 나이가 먹기 전에 어린 나이에 외국어를 습득해두면 평생을 자유롭게 활용할 수 있다.

위험

"위험은 방심에서 시작된다"

안전교육과 안전시설 덕분에 과거보다는 안전한 생활을 영위할 수 있게 되었다. 하지만 여전히 사람들의 안전 불감증 때문에 사고를 당하는 경우가 종종 있다. 설마, 혹시나 하는 생각이 안전 사각지대에 빠지게 한다. 위험은 언제 어디서 누구에게나 일어날 수 있다. 예외는 없다.

운이 없기 때문에 사고를 당하는 것이 아니라 위험하기 때문에 사고를 당하는 것이다. 나는 안 다치겠지 하는 안일한 생각이 사고를 가져오게 한다. 위험한 상황은 피하고 안전장치가 확보된 상태에서 일을 처리하는 습관이 중요하다. 그렇지 않으면 사고에 노출되어 사고를 당할 확률이 높다.

편리한 전자제품과 자동차는 아주 편리한 만큼 위험성도 높다. 자칫 잘못하면 사망에 이룰 수 있기 때문에 자동차 운전은 위험이 크다. 과속으로 질주하는 고속도로에서 부주의는 사고로 이어진다. 특히 이면도로 운행은 사고의 위험이 훨씬 크다. 그럼에도 불구하고 자동차가 가져다주는 편리함 때문에 위험에도 불구하고 위험하게 운전을 한다.

너무나 많아진 자동차 때문에 교통법규를 지키지 않으면 사고로 이어지기 된다. 신호를 잘 지키고 안전 속도를 유지하면서 운전하는 것이 중요하다. 운전을 하다보면 너무 느리게 운전을 하는 바람에 뒤차들이 추월을 하게 된다. 안정한 거리가 유지되지 않은 상태에서 추월은 상대차선의 차와 충돌할 가능성이 높다.

어른들은 안전에 민감하지만 어린이의 경우는 안전에 민감하지 못한다. 초등 1학년의 교통사고가 빈발하는 것은 주위의 위험 요소를 무시하기 때문이다. 놀기에 바빠서 급하게 행동하는 성향으로 사고를 당한다. 학교 앞 안전운전과 주의하여 운전하는 운전습관이 아이들의 사고에서 보호할 수 있다. 학교 앞에서는 서행을 통해서 아이들이 완전하게 이동할 수 있도록 노력하는 수밖에 없다. 이도 잘 지키지 않으면 아이들은 위험에 빠질 수 있다.

사고는 어느 한 순간에 발생한다. 누구라도 기다려주지 않는다. 방심하는 순간에 사고는 급습하게 된다. 방심을 노리고 기회를 엿본다. 사고를 당하고 수습하기 보다는 예방차원에서 안전교육과 안전생활을 몸에 익숙하게 해야 한다. 특히나 어린아이들의 경우는 더 철저하게 주위와 교육을 시켜야 한다.

위험에 대한 자각을 할 수 있도록 위험이 가져오는 파장을 인지할 수 있도록 시청각 교육을 통하여 인지하게 할 필요가 있다. 학교 앞에서는 할머니·할아버지, 어머님들의 교통지도를 받는다면 사고를 그만큼 줄어들 것이다.

위험에 대한 경각심을 가지고 위험한 일은 처음부터 생각하지도 않고 실행에 옮기는 않아야 한다. 안전의식을 가지고 안전 위주로 일을 처리해야 한다. 안전장치가 구비되지 않고는 어떤 일도 하지 않는 자세가 중요하다.

안전장치 없는 일은 무모한 일에 불과하다. 그것은 자신의 생명을 지키고 다른 사람들에게 미칠 악영향을 최소화 하는 것이다. 설마는 위험을 부르는 소리이다. 위험하다. 주의하자. 내 목숨은 내가 지킨다는 생각으로 주위에 노출되어 있는 위험에서 벗어나야 한다. 사고는 때와 장소를 가리지 않고 순간에 발생한다. 사고는 부주의가 낳은 재앙이다.

기회

"기회는 온다. 다만 알지 못할 뿐이다"

살면서 몰입과 열정을 가지고 자신이 되고자 하는 일에 열심히 하다 보면 기회는 정말로 온다. 문제는 그 기회가 기회인지를 잘 모를 때가 있다는 것이다. 지나고 나면 그 때가 내 인생의 최고의 기회였는데 왜 그 때는 몰랐을까 하는 후회를 하게 된다.

이미 때는 늦은 것이다. 어떤 일을 성취하는 데 노력만 가지고 되지는 않는다. 노력과 더불어 운이 작용한다. 운이 따라주지 않으면 일의 목표는 쉽게 달성하지 못한다.

운이 없는 것인지 준비가 안 된 것인지 기회가 좀처럼 오지 않는다. 아니 기회를 모두 지나간 것 같은 생각이다. 문을 두들기는 자에게 열리고, 소리 내어

우는 아이에게 젖을 준다는 말이 있듯이 되고자 하는 일에 두들겨 보았는지 의문이다.

자기 체면도 생존 앞에 무용지물이다. 자존심, 체면도 생존 앞에 무의미하다. 만들지 않으면 기회는 자주 오지 않는다. 희망이 없는 삶은 열정이 사라질 수 있다. 그렇게 되면, 단지 먹고 사는 것으로 만족해야 한다. 경제적으로 어려워도 지금 하는 일로 먹고 살 수 있는 길을 찾아야 한다.

기회를 만들어서 기회를 잡을 때 놓치지 않고 잡을 수가 있다. 만들지 않고 우연히 주어진 기회는 그것이 기회인지도 모르고 잊어버리게 된다. 그러면 후에 그 때가 기회였다는 것을 뒤늦게 기억하게 되어 후회만을 한다. 기회를 만들어 기회가 생기면 절대 노치지 않게 집중해야 한다. 그렇지 않고 방관자적 자세로 일관하다 보면 기회를 날아가 버리고 만다. 기회를 만들기 위해서 노력을 해야 한다. 앉아서 기다리는 기회는 절대 오지 않는다. 내일을 위해 열심히 노력할 때 기회는 온다. 노력에 대한 대가로 다가오게 된다.

누구나 장점만을 가질 수 없다. 약점이 있기 때문에 강점이 두각을 들어내는 것이다. 약점을 강점으로 만들어 이용하는 지혜가 요구된다. 약점 때문에 의기 소침해서 낙담할 필요가 없다. 약점이 강점이 될 수 있기 때문에 솔직해야 한다. 그 다음에 자신의 능력을 보여주고 인정받기 위한 노력을 해야 한다. 이러한 과정을 통해서 기회를 얻을 수 있다.

버스에 비유하면 좋을 것 같다. 버스 속에서 서있는 사람들은 누가 내리기를 엿보다가 그 자리에 앉기 위해 눈싸움을 계속한다. 버스는 자리가 정해져 있기 때문에 줄을 잘 써야 한다. 다름 역에서 내릴 수 있는 사람 앞에서 기다리는 것이 제일 현명한 방법이다. 잘못 판단해서 앉아있는 사람이 버스 종점까지 가게 되면 황당한 경험을 하게 된다.

버스를 탈 때마다 앉고 싶은 생각이 굴뚝같다. 학생 때에는 자석에 앉을 생각도 않았다. 하지만 지금은 가능하면 좌석에 앉고 싶다. 앉고 싶다면 버스의 아무 곳이나 서있지 말고 승객들 중에서 누가 다음 정거장에 내릴 것인지 유심히 관찰하고 기다려야 한다. 이러한 수고를 들이지 않고 의자에 앉을 수 없다. 가능성을 엿보고 그 자리 앞에서 서 있어야 한다. 그래서 기회가 생기면 그 자리에 앉아서 갈 수 있다.

운만을 바라면 운이 와도 알지 못하고 놓쳐버리기가 쉽다. 목적지까지 가지 않고 서서 가겠다는 생각을 가지고 앉기를 포기하면 마음이 편해진다. 누가 내릴 것인지 눈치를 보지 않아도 되고 자기생각에 빠질 수도 있다. 이외에도 창밖의 풍경을 감상할 수 있는 여유를 가질 수 있어서 좋다.

발표 1

"학자는 논문으로 말한다"

가수가 음반을 발표하지 않으면 더 이상 가수가 아니다. 이 말이 담고 있는 뜻은 가수에게 노래는 곧 생명이라는 것이다. 노래를 부르지 않는 가수는 가수가 아니라 기억 속에 남아있는 가수일 뿐이다. 활동하지 않고 가수라는 직업상 명칭만을 가지고 있을 뿐 가수라고 할 수 없다.

가수면 가수지 노래를 부르지 않는다고 가수가 아니라고 말하는 것은 모순이라고 반박당할 수 있다. 하지만 가수가 노래를 하지 않는 다면 명목만 가수일 뿐 진짜 가수는 아니다. 가수라는 호칭을 들을 수 있지만 현장에서 노래를 부르지 않는 것은 가수라는 직업을 상실한 것이다.

학자 역시 논문을 발표하지 않으면 더 이상 학자가 아니라. 왜냐하면 학자가 해야 하는 역할을 포기했기 때문이다. 그래서 더 이상 학자가 아니다. 과거에 학자일 뿐 현재는 그냥 평범함 사람일 뿐이다. 자신의 직업은 현재 얼마나 활동을 하느냐에 달려있다.

학자가 1년에 한편의 논문도 발표하지 않는 것은 자신의 역할을 포기한 것과 다름없다. 이미 연구의욕과 능력을 상실한 것을 의미한다. 학자는 연구하고 발표하는 일을 주업으로 삼는다. 그 외에 후학을 기르는 것 또한 포함된다. 하지만 연구능력을 상실하고 교육능력만을 개발하는 것은 교육자 일뿐 연구자가 될 수 없다. 대학에 교육자는 넘쳐나지만 연구자는 줄어들고 있다.

열심히 연구하여 논문을 발표하는 것은 학자의 소임이지만 그렇다고 논문을 위한 논문을 발표하는 것은 학자라는 생명을 연장하기 위한 직업적 전략일 뿐이다. 현장의 쟁점과 엄격성을 반영한 논문을 발표하는 것이 학자의 몫이다. 사회에서 요구되는 긴장감이 있는 현실의 주제를 학자의 엄밀한 논리를 가지고 연구하여야 한다. 이러한 과정을 통해 얻은 결과를 발표하고, 그것이 사회적 변혁을 가져올 수 있을 정도로 영향을 미쳐서 좋은 사회로 발전하는데 기여를 할 수 있다면 그것보다 더 좋은 연구는 없다.

자기만을 이해하고 알 수 있는 전문용어를 사용하여 다른 사람들과 소통을 거부하는 일 또한 학자가 경계해야 할 일이다, 자기만 이해하고 알고 있으면 무슨 소용이 있나. 그것은 개인의 지적만족을 위한 위기지학일 뿐이다. 세상과 소통을 거부한 연구이며 학자가 사회를 배려하지 못한 결과일 뿐이다.

자신의 연구가 사회적 기여를 할 수 있도록 연구하는 것이 필요하다. 그러기 위해서는 항상 사회발전을 생각하면서 연구를 수행해야 한다. 연구하고 그것이 발표되어 사회를 발전시키는데 정책적 자료나 직접적 영향을 미칠 수 있다면 연구에 투자한 수많은 시간들은 의미 있는 시간이 될 것이다.

세상은 점점 어려움을 직면하고 있다. 대학 울타리 안의 학자는 직업적으로 안전성을 보장받고 있기 때문에 세상을 외면하고 자신의 지적 성취만을 위해서 연구를 하는 것 또한 문제이다. 세상을 위한 연구는 많은 사람들의 삶의 질에 영향을 미친다.

세상과 단절된 연구시간은 보다 많은 사람들에게 기여를 할 수 있는 시간이 된다면 그 것보다 좋은 연구는 없다. 지금도 쏟아져 나오는 연구논문들 읽어도 이해가 어렵고, 어떤 도움도 받을 수 없는 논문들이 문제이다. 아무도 찾아 읽지 않고 단지 연구자의 업적으로 이용될 뿐 기여를 하지 못하는 논문이 된다.

논문이 하나의 부담감으로 연구자에게 다가올 때 이미 그는 연구능력을 상실하고 있다는 증거이다. 단지 직업을 보장받기 위한 방안으로, 생존으로서 논문쓰기는 좋은 논문을 생산하기는 불가능에 가깝다. 학자의 이름은 곧 하나의 생산자이다. 상품의 상표라고 볼 수 있다. 강박관념에 의해서 쓰게 되는 논문은 그냥 연구업적용 논문일 뿐이다. 논문쓰기가 즐거운 일이 될 때 논문은 부담이 아니라 연구자의 즐거운 일이 된다. 결과물로 논문은 부산물에 불과하다.

논문을 위한 논문이 아니라, 연구자의 지적 호기심을 충족시켜주고 사회적 기여를 할 수 있는 논문이

어야 그 결과 직업도 보장받고 연구를 지속할 수 있
다. 이 일이 거꾸로 될 때 논문은 하나의 무거운 짐
으로 남는다.

확인

"확인은 실수를 예방한다"

확인하고 확인하는 것은 자신에게 돌아올 피해를 최소화 하는 일이다. 그것이 아무리 귀찮고 창피한 일이라고 하지만 그것은 생각의 차이일 뿐이다. 다른 사람을 의식할 필요는 없다. 자신의 일이기 때문에 철저하게 확인하는 것은 당연한 일이다.

확인하는 것은 실수를 예방하거나 더 큰 문제가 생길 수 있는 가능성을 없애는 일이다. 확인하면 체면이 손상하는 것으로 여기나 이와는 별개의 문제다. 지금 여기서 확인하는 것이 귀찮고 체면이 손상될 수 있겠지만 잘못될 수 있는 것을 미리 막는 역할을 한다. 이러한 사람들의 행동경향을 악용하는 사례들이 있고, 이는 사기로 등장하게 된다.

계약이나 도장, 사인을 할 때에는 다시 확인하는 절차는 거쳐야 한다. 믿는다고 무조건 사인을 하게 되면 자신이 어떤 내용에 사인을 했는지도 모르고 사인을 하는 것이 된다. 사인은 적어도 내용을 철저하게 이해한 후에 해야 하는데 상대방을 신뢰하기 때문에 무조건 사인부터 하게 된다.

나중에 문제가 생겨서 항의를 하게 되면, 이미 사인을 했기 때문에 문제가 없다고 한다. 이 때문에 기업체에서는 자신들에게 유리하게 계약서 내용을 작은 글씨로 적어 놓아 확인하는데 어려움을 준다.

최근에 모 카드회사에서 고객 마일니즈로 보온병을 받았는데 보온이 전혀 되지 않았다. 만약 확인을 하지 않고 방치해 두었다면 그 보온병은 쓸모없이 버려졌을 것이다. 바로 카드회사에 연락을 해서 다른 보온병을 받기로 했다. 회사 역시 모든 보온병을 확인하지 못할 것이다.

사은품이기 때문에 저렴한 가격에 다량 구입하여 전달하는 과정에서 불량품이 나올 수 있다. 하지만 조금 더 확인하는 자세를 갖게 되면 고객에게 불편을 주지는 않았을 것이다. 고객 역시 확인하는 습관이 그래서 필요하다. 확인하지 않으면 피해를 보게 된다.

책을 출판하는 과정에서도 책 내용에 대한 확인과 정을 거쳐서 책은 만들어진다. 대충해서 책은 만들게 되면 오탈자가 넘쳐나고 많은 문제가 발생한다. 하나의 상품으로서 책이 팔리기 때문에 오탈자는 불량품이나 다름이 없다. 그렇게 되면 저자는 신뢰를 상실하게 되고, 출판서의 명성 또한 상실하게 된다. 확인하는 과정을 통해서 불량품 생산을 줄이고 독자에게 피해를 가지 않도록 하는 배려가 있어야 한다.

이처럼 일상생활에서 확인이라는 과정이 생략했을 때 당할 수 있는 피해를 막기 위해서는 확인이 꼭 필요하다. 특히 약속의 경우 확인을 통해 정확한 약속 장소와 내용을 파악하고 이행하도록 해야 한다. 확인되지 않은 약속은 서로에게 피해를 줄 수 있기 때문이다. 한 예로 지나가는 말로 언제 밥이나 먹자고 했는데 그 약속은 말 그대로 믿고 약속날짜를 기다리는 경우가 있다. 대충한 약속이기 때문에 구속력이 없겠지만 지나가는 말로 약속을 해서는 안 되는 일이다. 약속을 확인하지 않고 대충 알고 있다가 약속한 사람간의 차이 때문에 손해를 보게 된다.

명확한 대답과 약속을 해야지 혼란을 주는 약속은 서로간의 불신을 가져와 나쁜 관계를 형성하게 된다. 이런 일들은 적게는 확인을 하지 않아서 발생하는 일이다. 귀찮고 불필요하다고 생각하지만 확인만큼 필요한 것은 없다.

눈앞에서 확인하지 않고 나중에 돌아서서 후회해 봐야 소용이 없다. 나중을 위해서도 바로 지금 여기서 확인하는 습관이 필요하다. 확인은 문제가 아니다. 확인을 이상하게 생각하는 것이 문제이다. 확인하고 또 확인해서 문제가 없도록 해야 한다. 확인이 강박관념이 되어서는 안 되지만 약간의 확인은 사회생활을 해나가는데 꼭 필요하다.

비판 1

"보수는 비판을 싫어한다"

만약 내가 비판의 목소리를 듣기 싫어한다면 이미 나는 보수라고 할 수 있다. 보수란 자신의 현 위치를 고수하고 지키려는 입장이다. 변화를 싫어하고 비판에 귀를 막는다. 세상은 서로 대장이 되고 주인공이 되기 위해서 싸움을 멈추지 않는다.

정권이 바뀌면 국가 정책이 바뀐다. 그렇기 때문에 기득권을 지키는 입장과 이를 비판하고 새로운 세상을 꿈꾸는 사람들이 나타나게 된다. 결국은 서로간의 이익을 찾기 위한 싸움으로 이어진다.

너무나 급격한 변화는 상대 세력을 더욱 더 비판하게 만든다. 살아 갈 수 있는 여지는 주면서 기득권을 누려야 하는데 현실은 반대 세력을 모두 몰아내고 자기들 세상을 만들려고 한다. 이 때문에 저항과 비판을 더욱 강하게 된다. 특이나 생존과 관련된 문제의 경우 그 강도는 엄청나다. 생존을 위협받기 때문에 생존하기 위해서 필사적으로 몸부림친다. 보수와 진보는 건강한 비판을 수용해야 한다.

만약 비판과 저항이 없다면, 그 사회는 봉건사회와 다르지 않다. 사람들이 자유롭게 의사표현을 하는 사회에서 자신들의 논리를 제기할 수밖에 없다. 하지만 일방적으로 기득권에서 상대방의 비판을 수용하지 않고 원천으로 막는 행위는 사회를 발전시키기 보다는 정체하게 한다.

눈치만 보고 비판이나 저항이 없다면 무엇이 잘못되었는지를 파악하기 어렵게 만든다. 기득권에서 모든 것이 잘 돌아간다고 착각에 빠지게 한다. 그래서 생각의 차이를 인정하고 다른 목소리에 귀를 기울이는 노력이 필요하다.

비판을 싫어하고 비판하는 사람들을 사라지게 하는 권력의 남용은 독재가 될 수 있다. 특히나 학문하는 사람들은 끊임없는 비판을 제시해야 한다. 비판

없는 학문은 죽은 학문이며 지식권력의 아부에 불과하다. 자신에게 불이익이 떨어져서 비판할 것에 대하여 비판하는 것이 용기 있는 자의 모습이며 학문하는 자의 자세이다. 이해관계 때문에 학문적 비판을 삼가는 것은 학문하는 것을 포기하고 어용학자가 되는 것이다.

비판철학자 아도르노가 말한 것처럼 비판과 화해를 통해서 세상은 발전한다. 비판하고 또 비판하고 반론하는 과정에서 상반된 의견을 조율되고 화해하는 과정에서 사회적 성숙은 성취된다. 비판만 있고 화해가 없다면 그 비판의 용도는 쓸모가 없다.

비판이 화해를 만날 때 비판으로 쓸모가 있다. 비판이 비판으로만 남게 되면 그 비판은 비판을 위한 비판에 불과하며 비난이 되고 만다. 비판을 위한 비판이 아니라 진리와 진보를 위한 비판일 때 제 역할을 다한다. 비판에 대하여 화를 낼 필요가 없다. 비판에 대하여 반론을 할 수 있기 때문에 자신의 논리가 더욱 엄밀하게 된다.

지금 내가 학생들의 비판에 짜증을 내거나 비판하

는 학생에게 권력을 통해 입을 막으려고 한다면 나는 더 이상 학자가 아니라 지식권력자에 불과하다. 학생의 비판에 귀를 기울이고 만약 그것이 정당한 비판이며 수용하고 변화를 모색해야 한다.

비판하는 자가 누가 되어도 겸손하게 수용하여 자신의 논리를 더욱 견고하게 해야 한다. 이 때 내 생각과 주장은 설득력을 얻게 된다. 자신의 주장이 지식권력 때문에 사회에서 수용된다면 그것보다 더 큰 낭비는 없다. 그래서 보다 좋은 사회를 생각하여 새로운 이론과 주장, 정책을 제시하는 마음 씀의 자세가 필요하다. 다만 자신의 지식권력을 통해 자신의 주장을 정당화해서는 안 된다.

철학은 비판하는 학문이다. 비판이 없다면 철학이 아니라 철학을 가장한 거짓 학문에 불과하다. 철학은 문제제기와 비판을 통해서 완벽을 지향한다. 더 이상이 비판이 없고 문제 제기가 없을 때 진리는 탄생한다. 그러나 비판은 끝은 없다. 지속적인 비판을 수용하면서 수정하고 발전을 향해 나가는 것이 정상이다.

인간의 지식은 유한하다. 때문에 완벽한 이론이나

주장이 있을 수 없다. 인간사회에서 제기되는 비판은 인간이 살아있는 한 영원하다. 비판을 좀 더 적게 아니면 모두가 공감할 수 있는 정책을 펼치는 노력이 그래서 요구된다. 비판을 무서워하거나 피하지 말아야 한다. 어차피 만나야 하는 것이라면, 기분 좋게 만나서 수용하고 반론을 준비하는 것이 더 현명하다.

대화

"잘 들어야 대화가 된다"

대화의 조건은 서로 잘 들어야 한다는 점이다. 상대방의 얘기는 무시하고 자신만의 말을 하려고 한다면 제대로 된 대화는 어렵다. 형식상 대화를 하고 있을 뿐이다. 실재 내용을 보면 겉돌고 있음을 확인할 수 있다. 진지한 대화는 같은 문제의식을 가지고 사유의 대화를 할 때 가능하다. 어쩔 수 없이 하게 되는 대화는 어색함을 모면하기 위한 전략일 뿐 대화가 지속되지 못하고 일상적인 얘기가 주가 된다. 타인과 만나서 얘기를 한다는 것을 무슨 내용인지 정확히 인지된 상태에서 가능하다.

자기 얘기만 하게 되면 그것은 대화가 아니라 독백이다. 누군가 얘기의 주도권을 잡게 되면 한쪽으로 독점되기 때문에 제대로 된 대화는 불가능하다. 일방적으로 한쪽에서 말을 하고, 다른 쪽에서는 들어야만 하는 일이 발생하고 만다. 중요한 것은 잘 들어야 잘 말할 수 있다. 대화의 조건에서 중요한 것은 상대방의 말이 끝나기 전에 얘기를 해서는 안 된다는 것이다. 아무리 급하더라도 상대방의 말이 끝나지 않은 상태에서 말을 하는 것은 실례이다. 특히 여러 사람과 대화를 할 때에는 이를 잘 지켜야 한다.

사회적 지위나 경제적 지위로 대화를 독점하거나 상대방의 말을 가로 막는 행위는 정상적인 의사소통이 될 수 없다. 이러한 대화를 통해서 얻게 된 결과는 동의하기가 어렵다. 공평한 대화 조건에서 의사소통이 이루어진 결과에 대하여 합의를 할 수 있고 현실에서 실천할 수 있다. 충분한 대화가 이루어진 상태가 아닌 상황에서 결과에 대한 동의를 강요하는 것은 또 다른 언어 권력의 횡포이다. 일방적으로 강요하거나 그렇게 밖에 할 수 없도록 만드는 경우에 폭력은 나타난다. 예를 들어 권력을 가진 사람이 자신은 이렇게 선택했는데 여러분은 어떤 선택을 할 것이냐고 묻는 것은 폭력의 전형적인 예이다.

특히 학문세계에서 지도교수나 선배의 주장에 반대하는 의견을 가지고 있지만 공식 석상에서 비판하기는 불가능하다. 같은 소속과 집단이기 때문에 같은 생각을 가져야 하고 다른 생각을 표현해서는 안 된다는 생각이 지배적이다. 자신의 생각은 다른데 조직의 생각을 따라야 하는 경우가 생긴다. 그렇기 때문에 열린 학문은 생각할 수조차 없다. 비판과 문제 제기가 생명인 철학에서 자신의 생각을 표출하지 못한다는 것은 학문적 발전을 생각할 수 없다.

강요하지 말아야 한다. 생각은 다를 수 있기 때문에 자신의 주장에 대하여 동조를 요구하지도 말아야 한다. 아무리 후배나 친한 사이라고 해도 생각의 차이가 있기 때문에 그 차이를 인정하고 수용할 수 있어야 한다. 그리고 그 문제에 대하여 비판하고 반론하는 과정을 통해서 더 강력한 주장과 이론이 될 수 있다. 처음부터 완벽한 이론은 없다. 비판과 이를 넘어서는 과정을 거쳤기 때문에 완벽에 가까운 이론과 주장이 될 수 있다. 문제가 있다면 바로 지적할 수 있는 용기가 필요하다. 이해관계를 떠나서 학문적 입장에서 문제를 지적하고 비판할 수 있어야 한다. 아무리 스승과 제자 관계라고 하여도 비판할 내용이 있다면 비판을 해야 한다.

대화는 수평적인 관계에서 이뤄져야 한다. 권력을 가진 입장에서 대화는 불가능하다. 그것은 명령과 복종, 순종만을 강요하는 설교나 독백이 될 가능성이 높다. 동등한 입장에서 의사소통은 가능하다. 자신의 입장이 높다고 다른 사람의 의견을 무시해서는 안 된다. 특히 학생들과의 대화에서 조차도 평등한 관계를 유지해야 한다. 그래서 대화가 된다. 서로의 눈치만 보고 이해관계 때문에 제대로 말을 하지 못할 때 정상적인 대화는 불가능하다. 서로의 조건을 떠나서 동등한 입장에서 서로의 개인차를 말해야 한다. 그렇지 않다면 대화는 곤란하고 설교를 듣게 된다. 자신의 우월적 지위를 남용해서 대화를 독점하지는 말아야 한다.

비교

"비교는 열등감과 우월감을 조장한다"

사회생활을 하면서 많은 사람들을 만나게 된다. 만나면서 서로를 비교하게 된다. 자율이든 타율이든 비교는 인간의 본성 중에 하나인지 모르지만 비교하게 된다.

우선 낯선 사람을 만나면 먼저 명함을 주고받는다. 서로간의 사회적 지위를 확인시키려고 한다. 명함 속에 자신의 사회적 지위가 표기 되어있기 때문에 지위에 따른 고하가 결정된다. 명함을 주고받았는데도 서열관계가 정립되지 않았다면, 다른 다양한 방식으로 차이를 비교함으로서 서로의 우위를 결정한다. 자가용의 배기량과 국산차와 외제차, 아파트의 평수, 사는 곳 등을 가려서 자신의 위치를 파악한다.

살면서 다른 사람의 직업과 지위를 알려고 할 필요가 없다. 저마다 삶이 있기 때문에 직업 때문에 그 사람의 지위를 판단할 필요가 없다. 다른 사람의 직업과 지위에 대하여 되도록 묻지 말아야 한다. 평등한 관계를 유지하기 위해서는 알려고 하지 말아야한다. 사업상 만남이 아니라면 굳이 물을 필요가 없다.

있는 그대로 만나서 같은 주제에 관해서 얘기를 하면 된다. 다른 것은 필요하지 않다. 만나자 마자 직업을 묻는 것은 실례이다. 궁금할 필요가 없다. 궁금한 이유는 비교를 통해서 자신의 우월감을 갖기 위함일 뿐이다. 그 우월감 역시 상대적이기 때문에 중요하지 않다.

자식들을 비교한다. 성적이 어떻고, 무슨 대학에 다닌다는 것을 비교한다. 그 비교는 결국 우월감과 열등감을 형성하게 된다. 그렇게 되면 대등한 인간관계가 성립되지 못한다. 차별이 생길 수 있다. 서로 지속적인 관계를 유지하기 어렵게 된다. 그냥 같은 학교, 같은 반 정도로 알면 된다. 아빠의 직업이 무엇이고, 어디에 살고 있는지, 혹은 무슨 차를 타고 다니는지 관심을 가질 필요가 없다. 좀 더 경제적 여유가 있다면 비싼 차와 좋은 집에서 살 수 있다.

개인의 차이는 존재한다. 한 분야에서 뛰어나지만 다른 분야에서는 그렇지 않은 경우가 있다. 어차피 자신의 전공분야에서는 뛰어날 수 있지만 모든 분야에서 뛰어날 수는 없다. 그렇기 때문에 비교는 무의미 한다. 서로간의 직업에 대하여 관심을 가질 필요가 없다. 서로 존중하면서 자신에 일에 충실하면 된다. 특히나 같은 반 아이들 때문에 만남을 가졌다면 말이다. 그냥 대등한 관계에서 학부모로서 교육에 대하여 말하면 그만이다. 시험도 없고 스트레스도 없기 때문에 아이들의 성적은 비교 대상이 되지 못한다. 함께 공부하면서 배우고 깨달아 가면 된다. 부모 역시 아이들과 함께 성장해 나가는 것이다.

되풀이 되는 말이지만 누구와도 비교하지 말아야 한다. 무엇이든 비교하지 마라. 비교는 상대적일 뿐 열등감과 우월감을 가져올 뿐이다. 비교하기를 좋아하는 것은 결국 자신의 존재를 드러내기 위함이다. 뭔가를 과시하고 싶은 욕망이 크기 때문이다.

그래서 결국은 자신이 뛰어나다는 것과 자기 과시로 이어진다. 자기 과시 때문에 기죽는 다른 사람들은 생각해 봤는지 모른다. 너무나 이기적인 행위이다. 자신을 인정하고 대접을 해 달라는 것밖에 의도를 찾을 수가 없다. 대등하게 말하는 과정에서 서로 도움을 줄 수 있을 뿐만 아니라 도움을 받고 깨달을 수가 있다.

우월과 열등은 개인의 발전 보다는 절망과 좌절을 경험하게 한다. 우월감에서 더 발전할 수 있는데 자만에 빠지게 하고, 열등감에서 벗어나 발전할 수 있는데 절망감에 빠지게 하는 것이 문제이다. 현재의 우월과 열등은 별로 중요하지 않다.

가난할 수 있고, 사회적 지위가 낮을 수도 있다. 중요한 것은 넓은 가슴으로 열린 상태에서 만나고 대화하면 그것으로 충분하다. 학부모들 간의 비교를 할 필요가 없다. 가감하지 말고 있는 그대로 자신을 드러내면 된다. 과장할 필요도 없다.

반응

"감사합니다. 미안합니다"

표현해야 한다. 고마움과 미안함에 대한 표현을 하지 못하는 것이 아니라 생각조차하지 않는 것이 문제라면 문제이다. 책을 보내주면 받아서 고맙다는 말을 하는 것은 예의이다. 책을 잘 받았는지 혹은 못 받았는지 반응을 보여주지 않기 때문에 알 수가 없다.

특히나 아랫사람이 책을 보내면 잘 받았다는 반응을 보여줘야 한다. 책은 별로 중요하거나 비싼 것이 아니다. 정성이 중요하다. 포장하고 서명하고 우체국에 가서 부치는 과정이 따르는 행위이다.

보내드리는 이유는 후학으로서 선배들에게 확인을 받기 위함이다. 책에 대한 비판과 지적을 기대한다. 그러나 체육학계에서 비판을 용납하지 않는 분위기에서 누군가를 비판한다는 것은 용기 있는 행위이다. 그것이 선배가 되었든 후배가 되었든 책이 출판되면 그 책에 대한 서평과 비판이 나와야 하는데 책이 출판되어도 별 반응이 없고 무관심으로 일관한다면 책을 출판한 입장에서는 별로 얻는 것이 없다. 책에 대한 비판과 후속연구를 할 수 있는 토대가 되면 학문은 발전할 수 있다.

학문적 성취가 없기 때문에 비판하거나 학문적 수준을 평가하기가 어렵다. 어느 정도의 학문적 수준이 되어 있다면 그 수준을 잣대로 평가하여 책의 학문적 수준을 평가할 수 있다. 그런데 체육학계는 학문적 수준이 미미하기 때문에 평가를 할 수 없다. 엄격한 학문적 잣대가 없기 때문에 비판할 수 있는 근거가 미약하다. 침묵하는 것이 갈등과 자신의 학문적 능력을 평가 받지 않기 때문이다. 그래서 비판을 하지 않는다. 주례사와 같이 책에 대한 찬사를 보낼 뿐 비판의 칼을 상대를 향하여 뽑지 않는다.

무관심과 무반응이 문제다. 관심이 있다면 책을 읽고 바로 서평이 나오고 학문적 평가를 할 수 있다.

현재 체육학계는 새로운 서적이 나오면 그 책에 대한 평가는 없을 뿐 관심도 없다. 신간 서적이 나오면 책을 구입해서 책을 읽는 사람이 없다. 출간 서적이 별 볼일이 없기 때문인지 아니면 관심이 없기 때문인지 알 수 없다.

새로 출판된 책을 읽고 오자와 탈자 그리고 궁금증에 대하여 이메일을 보낸 적이 있다. 그런데 새 책의 저자는 아무런 반응을 보여주지 않았다. 아마 기분이 상했을 것으로 생각된다. 책에 대한 반응을 잘못하여 저자와 관계를 악화시킬 수 있다. 상대의 지적에 고맙게 생각하고 겸손하게 수용하여 책을 고치는 사람은 훌륭한 저자이다.

반면에 상대의 지적에 화를 내면서 불쾌하게 생각하는 것은 수준 낮은 저자라고 볼 수 있다. 오자와 탈자가 많다고 지적하는 사람들에 대하여 고맙게 생각하고 개정판에서 고칠 수 있어야 한다. 그렇게 되면 출판에 대한 엄격함과 철저한 교정을 통해서 출판하게 될 것이다. 함부로 출판하는 현재의 분위기는 사라질 것이다.

후학들과 제자들이 무서워야 한다. 후배들이 책에 대한 평가를 보류하고 있을 뿐이다. 무엇이 잘못되었는지 잘 알고 있지만 표현하지 않는다. 그 이유는 갈등과 이해관계 때문이다. 후배를 무서워하고 선배를 어려워해야 한다. 책을 출판할 때에는 철저한 작업이 필요하다.

수많은 독자를 의식한다면 성급하게 책을 출판하지 않는 것이 좋다. 한번 출판된 책을 되돌릴 수가 없기 때문이다. 이외에도 책을 받으면 보내준 저자에게 감사의 표현을 해야 한다. 전화를 한다든지 아니면 이메일을 통해서 감사를 표현해야 한다.

반응이 없다는 것은 무관심하다는 것이다. 무관심한 사람들은 보내준 책을 읽기 보다는 방치하기가 쉽다. 읽히지 않는 책은 처리해야 할 짐에 불과하다.

사 기

"사기당하지 않고 살기가 어렵다"

사기를 당하지 않고 사는 일이 힘들 정도도 세상 도처에 사기꾼이 넘쳐난다. 다른 사람보다 똑똑해야 사기를 칠 수 있다고 하니 사기꾼의 머리는 아주 비상하다고 밖에 말할 수 없다. 항상 잘 생각해 봐야 한다. 내가 사기를 당하고 있는 것은 아닌지. 혹은 사기를 당했는지 의심을 해봐야 한다.

좋은 것이 좋다고 그냥 믿고 넘어가서는 안 된다. 확인이 필요한 이유도 여기에 있다. 왜냐하면 사기꾼들은 그것을 노리기 때문이다. 허술한 부분을 이용하기에 빈틈을 보이며 바로 당하게 된다. 사기꾼에게 약점이나 빈틈은 그들에게 곧 기회가 된다. 경계하고 경계해야 한다.

세상에 공짜가 없다. 공짜로 상대를 현혹하고 사기를 칠 수 있다. 확인하고 또 확인하는 삶의 자세가 그래서 필요하다. 설마, 창피함 때문에 확인하기를 주저하지 말아야 한다. 그렇게 되면 손해를 당할 수밖에 없다. 바로 그런 점을 악용하는 사례들이 늘고 있다. 전화 사기가 판을 친다.

세상이 어떻게 돌아가고 있는지 잘 알지 못하는 노인들을 대상으로 사기를 한다. 아주 간단한 방법이다. 전화를 걸어서 돈을 이체하도록 만드는 방법이다. 의심을 가지지 못하게 하면서 교묘하게 어쩔 수 없이 계좌이체를 통해서 돈을 송금하게 만든다. 알면서 당하는 경우도 있다. 잘 확인하면 막을 수 있다.

사기를 당하지 않고 사는 것이 어렵게 되었다. 자신도 모르게 우리는 일상에서 사기를 당하며 살고 있는지 모른다. 공짜와 싸게 물건을 파는 것은 속임수일 수 있다. 공정거래, 윤리적 소비 등이 바로 정직하게 소비를 하는 것이다.

제 값 주고 물건을 구입하는 것이 좋은 구매방법이다. 값싼 것은 가격 값을 한다. 싸다고 구입하기

보다는 정말 나에게 필요한 것인지, 정직한 선택인지 구별할 필요가 있다. 싸게 물건을 사면 무엇인가 문제가 있기에 싸게 파는 것이라는 것을 쉽게 알 수 있다. 문제가 없다면 손해 보면서 물건을 팔지는 않는다. 무엇인가 문제가 있다는 것을 알아야 한다.

사기를 당하지 않기 위해서는 진정성이 있느냐 아니냐를 가리면 된다. 상대의 말과 눈을 보면 금방 알 수 있다. 눈은 거짓말을 하지 않는다. 또한 말 속에 진실이 들어나기 때문에 말을 잘 들어보면 알 수 있다. 거짓말을 하는지를 판별하는 일이 중요하다. 저 사람이 정말 진실을 말하고 있는지 아니면 나를 현혹해서 사기를 치기 위해서 좋은 말만 하는지 구별할 수 있어야 한다.

일단 의심해보고 그 의심이 문제가 없는 가를 검토하여 최종 결정을 내릴 수 있어야 한다. 그냥 충동적으로 체면 때문에 사기를 당해서는 안 된다. 따질 것은 따지고 문제를 제기하는 것이 사기를 당하지 않고 정직하게 살 수 있는 방법이다.

사람을 대할 때 장난이나 대충 대하지 말고 진정

성을 가지고 대화를 해야 한다. 대충하는 대화는 하지 않은 것보다 못하다. 모든 순간이 귀중하기 때문에 진실을 말해야 한다. 그냥 지나가는 소리나 사기를 쳐서는 안 된다. 제대로 알려주어야 한다.

특히 강사의 입장에서 거짓 정보나 거짓을 가르쳐서는 안 된다. 정확한 정보를 전달하기 위해서 공부는 필수적이다. 배우는 과정은 지속적이어야 한다. 모든 것을 다 알 수 없기 때문에 진중하게 배우고 생각하면서 가르쳐야 한다. 사기꾼이 다른 사람을 속여서 금전적 이익을 보는 사람이라면 강사 역시 사기꾼이 되지 않기 위해서는 학생을 속이거나 기만해서는 안 된다. 진실을 항상 말할 수 있어야 한다.

사기를 두려워하는 자신이 사기를 쳐서는 더욱 더 안 된다. 그것도 어린 학생을 상대로 거짓을 진리인 것처럼 말해서는 안 된다. 사실은 사실대로 진리는 진리대로 말하는 것이 습관이 되어야 한다. 모르는 것이 있으면 모른다고 말하고, 잘못된 것이 있다면 잘못되었다고 말하는 것이 사기를 치지 않는 일이다.

그러나 이 일은 생각만큼 쉽지 않다. 온통 이해관

계로 얽혀있어서 영향을 받지 않고 말하고 행동하기란 어렵다. 이해관계를 떠나서 사기를 치지 말고 진실을 말하는 것이 그래서 필요하다. 사기는 오래가지 못한다. 언젠가는 진실은 들어나기 때문에 항시 신중을 거듭해야 한다. 그렇지 않으면 거짓과 사기가 넘쳐나게 된다.

쓰 기

"쓰는 즐거움을 알자"

말과 글은 표현의 도구이자 생각의 도구이다. 표현이라는 것은 생각을 전제하지 않고 얻을 수 있는 것이 아니다. 생각한 연후에 그 결과를 표현할 수 있다는 점에서 표현보다 생각이 앞선다.

어떻게 하면 글을 잘 쓸 수 있을까 하는 생각을 누구나 가지고 있다. 베스트셀러 작가에서부터 리포트를 제출해야 하는 대학생에 이르기까지 글쓰기는 하나의 부담이다. 솔직하게 자연스럽게 쓰면 되는데 너무 잘 쓰려고 하기 때문에 어려워지는 것 같다. 있는 그대로 글로 표현하는 게 글쓰기이다.

쉽게 생각을 종이위에 적는 것이 쓰기이다. 말하는 것처럼 하고 싶은 말은 글로 전환해야 하는 것 뿐 말과 글은 다르지 않다. 말은 한번 하면 쉽게 다시 주어서 담을 수 없지만 글은 수정을 할 수 있다는 점에서 말보다 장점을 가지고 있다. 하지만 공개 발표된 글은 역시 수정하기가 어렵다. 발표된 내용은 책임을 쳐야 한다. 어떤 사태나 문제에 대하여 내가 생각하는 그대로 옮기면 문제가 되지 않는다. 그 형식에 감금당하여 내용을 죽이는 게 문제가 된다.

글은 독자를 설득시키는 일이다. 글의 전략은 로고스, 파토스, 에토스의 특징이 있다. 로고스는 이성에의 호소이고, 파토스는 감성에의 호소이다. 에토스는 윤리적 호소라고 보면 된다.

어떤 작가는 로고스에 감금되어 있어 사람냄새가 나지 않는다. 빈틈없는 논리적 구조 속에서 자신의 생각을 펼친다. 논리적으로 완성에 가깝지만 독자를 설득하는 데에 한계가 있다. 바로 파토스와 에토스의 측면을 무시하기 때문이다. 독자에게 잘 읽히는 것은 앞의 세 요소가 적절하게 배합된 글이다.

그 중에서 윤리적 호소가 필요한 에토스에 대한 생각을 해 볼 필요가 있다. 처음에 글을 써서 발표하게 되면 자신이 이름이 붙어서 독자들에게 알려진다. 그런데 독자들에게 윤리적으로 호소할 필요가 있다. 정직하고 충실하고 그리고 다양한 정보를 바탕으로 글을 썼다는 것을 믿게 하는 것이다. 그것은 신뢰가 형성되어 다음 글에서 독자를 설득하는데 유리한 입장에 놓이게 된다.

글은 글의 설계가 필요하다. 아우트라인이 잘 되어 있어야 논리적 체계성과 일관성을 유지할 수 있다. 아우트라인 없이 쓰는 글은 아무리 잘 썼다고 해도 논리적 일관성에서 결함이 발견된다. 자신의 논리를 강화하기 위해서는 설계가 필요하다. 일단 설계가 잘 되었다면 글은 다음의 문제이다.

자신의 글에 대한 반대 논리까지 포함된 내용을 담고 있다면 글쓰기는 아주 견고한 구조를 갖추고 있다고 하겠다. 잘 구성된 설계에 따라서 논문이 쓰였다면 그 만큼 완벽성을 가깝다고 평가할 수 있다.

문제는 연습이다. 연습이 필요함은 글쓰기뿐만 아니라 일상의 모든 일에서 달인이 되기 위해서는 거쳐야 하는 단계이다. 이 단계를 무시하고 글을 잘 쓸 수는 없다. 글쓰기는 타고나는 것보다 연습을 통해서 감각을 익히는 것 밖에는 별 방법이 없다.

농구선수가 슛 감각을 익히기 위해서 연습을 수도 없이 하는 것은 바로 감각을 익히기 위함이다. 글을 잘 쓰기 위해서는 글 쓰는 감각을 유지하는 것이 필요하다.

어떻게 쓸까 고민하지 말고 글 쓰는 연습을 하게 되면 내공이 쌓여서 자연스러운 글쓰기가 이루어진다. 하면 된다는 말이 글쓰기에도 적용된다. 하지 않고 잘 쓰기를 바라기 때문에 글을 잘 쓸 수가 없다.

말하는 것처럼 어떻게 자연스럽게 글쓰기를 할 수 없을까. 이론보다 실습위주로 글쓰기 전략을 가르치는 것이 더 효과적이다. 어려운 이론은 이해하기도 어렵고 써 먹기도 어렵다.

실제로 써보고 수정하는 작업을 하는 것이 글 쓰는데 도움이 된다. 이론도 중요하지만 실제를 가르치는 것이 더 중요하다. 솔직하게 있는 그대로 자신의 생각을 표현하면 글쓰기는 더 쉽게 자신에게 다가온다. 두려워하지 말고, 일단 시작하자.

생일

"생일은 삶의 평가이다"

오늘은 생일이다. 한 참이나 바빠서 일손이 필요한 시기이다. 내가 때어날 당시 모를 내다말고 동네 아주머니가 나를 받았다고 한다. 생일상을 받아보기는 처음부터 힘든 날짜이다. 바쁜데 아들 생일을 챙겨주는 것은 힘든 일이다.

생일날을 잊지 않고 기억해서 알려주는 것만도 감사하다. 태어난 일을 축하하는 것은 열심히 살라는 말이다. 왜 태어났는가에 대하여 곰곰이 생각할 시간을 가져야 하는데 축하에 정신이 없는 것이 요즘 아이들이다. 술 먹고 노는 날이 생일인줄 알고 있다.

생일은 자신의 삶을 돌아보고 반성하고 미래를 계획하는 시간이다. 왜 태어나고 무엇을 하면서 살다가 죽을 것인가를 고민해야 하는 시간이다. 마냥 보내기가 아쉬운 시간이다. 너무나 실수도 많고 허점이 많은 삶이다. 그렇다고 과거에 얽매여 살기 보다는 내일을 향하여 열심히 하는 것은 더 보람이 있다. 마냥 과거에서 머문다면 발전이란 있을 수 없다. 미래가 불안하다. 내가 해야 할 연구와 교육에만 시간을 투자해도 부족한데 생존할 수 있는 직업을 얻지 못하는 것이 불안하다. 안전 된 직장이 없기 때문이다. 이대로 간다면 대학에 취직한다는 것은 불가능하다. 그냥 이렇게 늙어 간다면 인생은 허무하다.

그 동안의 고생은 아무런 대가를 얻지 못하고 흘러가고 말 것이다. 어차피 인생은 무(無)라고 한다. 중단하거나 포기하기가 어렵다. 너무나 아깝다. 그 많은 시간을 연구와 교육에 쏟아 부었는데 이제 이것조차 할 수 없다는 불안감이 엄습한다. 과연 이 일을 못하게 될 때 나는 무엇을 하고 살아야 할까. 그런 일이 생기지 않을 것이라고 막연히 생각하고 있지만 막상 닥치면 그 때는 어떻게 헤쳐 나갈 수 있는지 막막하다.

생일이다. 나 자신의 기쁨보다는 세상에 내가 존재하게 하신 아버지와 어머니에게 감사드린다. 생일날 시간을 마련하여 부모님을 찾아뵙는 것이 보람되게 생일을 보내는 것 중에 하나라고 생각한다. 어떻게 보면 생일은 내가 이 땅에 어떻게 태어났을까를 생각해 보고, 어머님의 고통과 기르면서 감내하신 수고에 대하여 감사드려야 한다.

너무나 잊고 살아가고 있다. 어머님의 고마움에 대하여 살기 바쁘다는 이유로 잊고 살고 있다. 감사함을 잊지 말고 답례로서 열심히 살아야 한다. 그냥 대충 살기에는 인생은 너무 덧없다. 해야 할 일을 하면서 살아야 삶이 의미가 있다.

생일은 출산의 고통과 탄생의 기쁨이 공존하는 날이기도 하다. 지나온 과거의 일에 대하여 반성을 해 보고, 앞으로 어떻게 살아가는 것이 보람 있는 삶인가 생각해 보는 시간이 필요하다. 자기답게 사는 것은 잘 사는 것이라면, 무엇을 하면 살아가는 것이 자기답게 사는 것인가.

생일은 들떠서 기분 나는 대로 보내야 하는 하루

가 아니다. 차분하게 자신을 돌아보고 시간을 가져야 하는 시간이다. 조용하게 일정한 거리를 두고 자신을 보면서 어떻게 살아가야 하는가에 대하여 문제의식을 가지고 검토하고 반성해야 하는 날이다.

우선, 부모님에게 감사하는 마음을 가지며 세상에서 나답게 사는 것이 어떻게 사는 것인지 숙고해 보고, 그 바탕위에서 미래를 설계하는 것이 후회되지 않는 삶이다. 순간에 집중해서 잘 보내는 것, 순간에 행복하기가 정말 잘 사는 삶이다. 이후의 행복을 위해서 지금을 희생하는 것은 행복을 놓치는 것이다. 순간에 최선을 다하며 행복해야 한다. 순간이 곧 영원이기 때문이다.

시 험

"시험은 정리하는 시간이다"

기말고사 기간이다. 한 학기를 정리하는 기간이다. 학생은 학점으로 한 학기를 평가를 받는다. 얼마나 열심히 학교에 다녔는지에 대한 개인적 평가일 수 있고 아니면 학교차원에서 얼마나 공부를 시켰는가에 대한 교수평가가 될 수 있다.

학점을 주기 위해서는 공정한 평가가 필요하다. 그 평가의 대표적인 것이 시험이다. 시험을 보지 않고 평가를 할 수는 없다. 모두에게 동일한 점수를 줄 수 없기 때문이다. 학교에서는 모든 시험을 대상으로 상대평가를 실시하고 있다.

평가 때문에 시험을 보게 된다. 하지만 평가만을 위해서 시험이 필요한 것은 아니다. 다른 방식으로 평가를 할 수도 있다. 그럼에도 불구하고 시험이 평가에 대한 잡음이 없을 뿐 아니라 짧은 기간에 손쉽게 평가를 할 수 있는 방법이다.

시험은 그 동안 배운 것의 정리를 하는 시간이기도 하다. 시험이 없다면 복습은 하지 않고 정리도 되지 않는다. 반복하는데 시험은 효과적이다. 절실한 마음으로 시험을 준비하기 때문에 최고의 공부시간이 된다. 배운 것을 복습시키기 위해 시험은 효율적이다.

그렇다고 시험방향이 설정되지 못하면 시험을 포기하는 경우가 생길 수 있다. 예상문제를 나누어 주어서 공부하도록 만들고 그 가운데 문제를 출제하면 된다. 운전면허 시험은 문제은행을 통하여 유사한 문제를 출제하여 보관하고 시험을 볼 때 선택해서 시험을 볼 수 있게 한다. 기출문제는 시중에 나와 있기 때문에 공부만 하면 운전면허 시험은 쉽게 통과할 수 있다.

시험을 잘 보는 방법은 출제자의 의도를 빨리 파악하여 시험지를 구성하여 쓰는 일이다. 의도를 파악하지 않고 시험을 보다가 잘 못 볼 수가 있다. 시험에도 실패는 다시 돌이킬 수 없다. 한 번 볼 때 잘 보는 것이 그래서 필요하다. 교수의 의도는 이것인데 다른 방향으로 빛나가는 경우가 생긴다.

출제자의 의도파악이 끝나면 답안지 구상에 들어간다. 어떤 문제에 대한 아우트라인이 세워지면 그때부터 답안을 작성하면 된다. 목차 없이 글을 쓸 수 있지만 정확한 글쓰기를 위해서는 목차를 먼저 설정해야 한다. 그래야 논리성을 유지하면서 일관된 글을 쓸 수 있다. 쓰고 고치기를 거듭하여 답안지를 제출하면 된다.

시험 결과에 마음 상할 필요는 없다. 너무 시험에 민감하여 결과에 따라서 절망하거나 심지어 자살하는 일도 있는데 마음을 강하게 먹고 결과를 받아들여 다음을 기약할 수밖에 없다. 만약 시험을 잘 못 봤다면 다음 학기에 다시 강의를 들으면 된다. 일단 포기할 것은 포기하여 마음을 다시 잡고 학점관리를 하면 된다.

시험에서 실수를 하지 않기 위해서는 문제를 잘

읽고 문제에 정답을 작성해야 한다. 그래야 후회를 하지 않는다. 모두가 시험에서 잘 보기를 원하지만 상대평가이기 때문에 어쩔 수 없이 좋지 못한 결과를 얻을 수 있다. 너무나 시험에 신경을 쓰다 보면 스트레스 때문에 건강에 좋지 않다. 시험 결과를 수용하고 다시 시작할 필요가 있다. 시험은 단지 그 동안 배운 것을 재정리하는 것이다. 그렇기 때문에 시험 점수가 나빠도 잘 정리했다면 그것은 높이 평가할 만하다.

인생을 살아가면서 시험에서 탈출할 수 없다. 상급학교를 진학하기 위한 입시시험, 대한민국에서 인생이 결정되는 대학학력고사, 회사에 취직하기 위한 취직시험 등 크고 작은 시험들이 무수히 많다. 어떻게 보면 사람의 삶은 평생을 통해서 시험과 만나야 한다. 싫다고 만나지 않을 수 있는 것은 아니다. 싫어도 만나야 하고 만남에서 좋은 결과를 얻기 위해 노력해야 한다. 무한경쟁에서 살아남기 위해서 시험을 봐야하고 그 시험에서 좋은 성적을 얻기 위해서 노력하는 것이 필요하다. 노력하지 않고 좋은 성적을 얻기는 사실상 불가능하다. 자신의 수준에 맞게 필요한 것이 무엇인지 빠르게 찾아내고 그것을 보완하고 준비하는 것이 좋은 점수를 얻을 수 있는 비결이다. 시험을 보지 않을 수 없다면 당당히 맞서서 즐기면 된다. 수수께끼처럼 아니면 퀴즈처럼 재미있게 즐기는 것이 우선이다. 즐기는 가운데 좋은 성적을 얻을 수 있다.

2부. 운동

수영 1

"수영은 물의 공포로부터 탈출이다"

물놀이, 미역 감기 등 어린 나이에는 거의 놀이에 가까운 용어로 물과 친숙한 관계를 보여준다. 수영이라기보다는 그냥 물에서 즐겁게 노는 것이 어린 시절의 물과의 관계가 대부분이다.

내가 물놀이를 하기 위해서는 집에서 한참이나 떨어나 강까지 걸어서 가야했다. 물놀이를 하고 배가 고프면 인근 밭에서 토마토를 따서 먹었고 저녁까지 물에서 시간가는 줄 모르고 놀았다. 물놀이가 끝나면 집까지 50여 분을 걸어가야 했다. 친구들과 함께하는 시간은 지루하지 않았다.

수영장이라는 것은 당시에는 없었다. 내가 살았던 시골에는 더욱 더 없었다. 강이나 저수지가 수영할 수 있는 유일한 곳이었다. 저수지는 초보자는 생각도 할 수 없는 곳이며, 어린 아이들에게는 강가가 최고의 놀이터였다. 그것도 여름이 되면 더위를 피해서 강에서 미역 감기가 최고였다. 지금 살고 있는 주변을 보면 시립 수영장을 발견할 수 있다. 입장료도 저렴하다. 자유 수영을 할 수 있기 때문에 언제나 시간이 되면 수영장에서 물과 친숙하게 놀 수 있다.

아들과 함께 하는 수영은 물놀이가 전부이다. 아들에게 수영을 가르쳐 줄 정도의 수영실력도 없다. 시간이 생기면 수영을 하는데 초보적이다. 그런데 아들은 물과 친숙하게 놀면서 수영을 스스로 배우고 있다. 특별히 강사나 누구에게 배운 것도 아닌데 놀면서 스스로 터득하고 있다. 배영은 그냥 편하게 뒤로 누어서 곧잘 한다. 인위적으로 기계적 반복을 통한 배움이 아니라 놀면서 배우는 수영은 시키지 않아도 스스로 알아서 한다.

세련되지는 않지만 물과 친숙하게 함께 놀 수 있다는 것은 장점이다. 아이들과 유리왕이나 닌텐도를 하는 것보다 더 재미있고 유익한 일이다. 일주일에 한번 정도 아들과 수영장을 간다. 자주 가면 좋을 것 같지만 수영이 지루해질 수도 있다. 따라서 주 1회 정도면 물과 재미있게 놀 수 있다는 장점이 있다.

물놀이를 한다는 생각으로 수영장에 아들과 간다. 아들과 함께 물놀이를 하면서 헤엄치기를 배워서 수영을 잘 할 수 있다면 그것보다 즐거운 일은 없다. 전문 강사에게 배우는 시간보다는 더 오래 걸리겠지만 헤엄치기의 즐거움 때문에 참을 수 있다.

잘하지는 못하지만 즐길 수 있다는 것은 참 다행이다. 국가대표가 될 것도 아닌데 기계적 반복의 훈련을 할 필요는 없다. 훈련이 아니라 성취를 경험하는 것이 최상이다. 수영을 해서 앞으로 가는 것 자체에서 일종의 성취를 경험할 수 있다.

수영은 물에서 살아남기 위한 방안이다. 동물들은 수영을 배우지 않아도 잘한다. 개의 경우 물에서 살기 위해 발버둥치는 가운데 물에 가라앉지 않고 물에 뜬다. 누구에게 배우지 않았는데 본능적으로 수영을 한다. 인간도 배우지 않고 수영을 할 수 있다. 그런데 인간은 죽음의 공포 때문에 수영을 잘 하지 못한다. 어린 아이들을 보면 물을 무서워하지 않는다. 그 만큼 빠르게 수영을 배울 수 있다. 하지만 어른의 경우 완전에 대한 욕구 때문에 공포에서 벗어나지 못한다. 물과의 친숙함이 수영을 잘 할 수 있는 비결이다. 수영은 물과의 친숙함을 유지할 때 잘 할 수 있다. 자연스럽게 편안하게 물과 소통을 할 때 수영은 놀이가 된다.

여가

"자율적 여가관리가 필요하다"

여가는 근대화 과정에서 놀지 못하고 일만 할 수 밖에 없었던 한국인이 그렇게도 갈망하던 시간이다. 생존 때문에 여가를 생각할 틈이 없었다. 오직 돈을 벌기 위한 시간활용만이 있었다. 여가를 사치로 인식하고 일을 해야 한다고 생각하였다. 하지만 행복해야 할 여가시간이 어떻게 활용해야 할 것인가의 문제를 가진다.

지금 늘어난 여가를 어떻게 활용한 것인가를 걱정하게 되었다. 여가는 즐거운 것만이 아니라 이제는 해결해야 할 고민거리가 되었다. 나아가 여가는 모두가 해결해야 할 사회적 문제이다.

주5일 근무제로 늘어난 여가시간은 잘 활용하면

개인의 발전에 도움이 되겠지만 잘못 사용하면 개인의 자아를 상실하게 될 뿐만 아니라 가정경제를 위험에 빠트리게 될 수 있다.

우리의 여가행위를 보게 되면 야외에 나가서 고기를 구워먹는 행위가 대부분이다. 도시 주변의 야외에서 먹거나, 마시거나, 사진 찍는 행위를 빼놓고는 여가를 말할 수 없을 정도로 여가는 무엇인가를 소비하는 형태의 소비가 되어버렸다. 이러한 여가 행위가 차지하는 시간의 비율이 높다.

과거 너무나 가난하여 못 먹고 못 살던 때의 의식이 잔재로 남아서 지금도 먹는 행위가 여가의 주가 된다. 야외에 소풍을 갈 때 많은 양의 먹을 것을 장만하여 나간다. 이런 준비가 미급하면 잘 놀지 못할 것 같은 생각을 가지게 된다.

여가는 명상을 하거나 또는 산책을 하면서 자신의 참 자아를 찾을 수 있는 시간이다. 자아를 상실하는 여가가 아니라 자신의 내면의 평화를 추구하는 여가가 될 때 자신에게 도움이 되는 여가가 된다. 단지 무엇인가를 해야 한다는 강박관념에서 자유로울 때 자신을 찾는 여가가 될 것이다. 과시하거나 보여주기 위한 여가는 이미 여가의 본래적 기능을 상실한다. 소비 형태적 여가가 아니라 자기 주도적으로 관리할 수 있는 여가 프로그램을 가진 여가가 되어야 한다.

여가는 다양한 영역으로 구성된다. 그렇기 때문에 신체활동을 주로 사용하는 것이 모든 여가를 말하는 것이 아니다. 신체활동은 여가의 한부분에 불과하다. 동적이나 활발한 여가 행위는 신체활동을 수반한다. 신체활동은 즐거워야 한다. 억지로 마지못해 행하는 신체활동은 그 자체가 고민이 된다. 신체활동이 없는 여가도 하나의 여가행위로 볼 수 있다. 수동적이고 피동적인 여가가 아니라 이제는 직접 체험하고 즐겨 보는 형태의 여가로 진화중이다. 대표적인 것이 스포츠관광이다. 체험지향의 스포츠관광은 능동적으로 여가를 즐길 수 있는 부분이다.

여가를 잘 관리하고 주체적으로 소비할 수 있을 때 여가는 해결해야 하는 고민거리가 아니라 즐거운 시간이 된다. 특히나 가족과 함께 주말을 즐길 수 있는 것은 여가관리를 철저하게 관리하고 기획할 때

가능하다.

단순히 시간이 많다고 여가시간이 많은 것은 아니다. 아주 잘 관리하거나 효율적으로 활동할 수 있는 방법을 배우고 프로그램을 기획할 수 있을 때 여가가 된다. 여가시간은 고민하는 시간이 아니라 즐겁게 놀 수 있는 시간이어야 한다. 과시하거나 보여주기 위한 여가가 아니라 자신을 찾는 여가가 될 때 즐거운 여가가 된다. 능동적이고 적극적 참여만이 여가의 주인이 된다. 그렇지 못하면 여가에 수동적이고 노예가 되고 만다.

학교에서 여가교육이 행해지고 있다. 여가교육은 단순히 학생들에게 레크리에이션 기법만을 가르치는 것이 아니라 어떻게 하면 효율적이고 생산적인 여가가 될 수 있는지에 대한 교육이 이뤄져야 한다. 실제로 자신의 여가를 관리하고 설계하는 교육을 할 때 개인들의 여가는 그 만큼 생산적인 여가가 될 수 있다. 여가는 쾌락추구만이 전부는 아니다. 자신을 발전시킬 수 있는 일에 참여하거나 마음의 평정을 찾고 자아를 찾는 시간이 될 때 우리가 원하는 여가가

된다. 그냥 남는 시간의 활용이 아니라 개인에게 중
요한 시간을 활용하는 상태개념으로서의 여가이다.

등 산

"등산은 인생과 닮았다"

등산은 인생과 같다. 오르막길이 있으면 내리막길이 있다. 이 점에서 등산과 인생은 유사하다. 인생이나 등산이나 항상 힘든 고난의 길만이 존재하는 것이 아니라 편안한 길이 있다. 오르면 내려가게 되는 것이 등산이나 인생이나 매 한가지이다.

아들과 함께 하는 등산은 그 동안 하지 못한 많은 말들은 하게 한다. 대화가 부족한 부자간의 경우 등산은 소통을 하게 하는 매개가 된다. 둘만이 한 길을 같이 걸어가기 때문에 다른 것에 신경 쓰기보다는 서로간의 대화를 하게 된다. 그 대화의 내용은 사소한 작은 일에서부터 그 동안 하지 못한 중요한 얘기까지 다양하다.

낮은 뒤 동산에서부터 높은 산까지 등산은 그 나름대로의 가치를 지닌다. 높은 산은 험준하기 때문에 힘이 든다. 중간에 포기하고 내려가고자 하는 욕구가 강하게 작용한다. 하지만 올라온 길 때문에 포기하지 않고 마음을 고쳐먹고 정상을 향해 나아간다. 그 포기하고 싶은 마음을 몇 번 하다보면 어느새 정상에 올라서게 된다. 정상에서 내려다 본 세상은 정말 작고 내 손안에 집어넣을 수 있을 만큼 작다. 무엇 때문에 갈등과 반목, 질투 속에서 싸우면서 사는 모습을 생각해보면 저절로 웃음이 나온다. 호연지기가 저절로 키워지는 것 같다.

등산에서 오르막길만이 존재한다면 누구나 정상까지 도달하지 않고 중도에 포기하고 하산을 택할 것이다. 하지만 사람들은 내리막길이 있다는 것을 경험을 통해서 알고 있기 때문에 힘이 들어도 포기하지 않고 끝까지 등정을 한다. 인생도 역시 고난과 절망의 연속이 지속될 것이라고 생각하지 않기 때문에 어려움이 닥쳐도 중도에 포기하지 않고 끝까지 최선을 다해 열심히 자신의 길을 가는 것이다. 꾸준히 노력하는 과정에서 정상에 오를 수 있다는 희망이 있기 때문에 등산과 인생은 도전을 하며 살게 된다.

퇴계 선생도 등산을 무척이나 좋아했다고 한다. 그러나 기력이 다하여 오르고 싶어도 체력이 부족하여 정상은 오르지 못했다. 그가 말하는 등산은 세 가지 종류가 있다. 입산, 등산, 유산이 그것이다.

입산은 말 그대로 산에 들어가는 것을 말한다. 산 입구에 들어서면 그것이 입산이 된다. 산에 가면 입산금지라는 팻말을 보게 된다. 들어가지 말라는 문구이다. 등산은 입산을 넘어서 어느 정도의 등정을 하게 된 경우를 말한다. 등정을 하고 있기 때문에 입산에서 한참 벗어난 경우이다. 대게 등산은 산꼭대기까지 가야 한다는 신념으로 등산의 목적을 정산정복으로 생각한다. 그래서 등산을 가면 정상에 꼭 가야한다는 생각을 하게 된다. 하지만 진짜 등산의 최고의 경지는 유산(遊山)이라고 한다. 산에서 자연을 벗하여 즐기면서 노는 것을 말한다.

등산은 자연과 호흡하면 즐길 수 있는 시간보다는 정상에 올라야 한다는 강박관념이 작용하여 초지일관 앞만 보고 올라가는 일에만 매달린다. 그 결과 운동효과 이외에 얻는 것이 없다. 하지만 유산은 자연 경치를 즐기면서 정상까지 가지 못해도 산에서 즐겁게 노는 것을 경험하게 된다. 산에 가는 이유가 산꼭대기까지 가는 것이 목적이 아니라 즐겁게 자연과 벗하여 노는 것에 있다는 퇴계의 말이 새삼 절감하게 된다.

아무런 생각 없이 정상까지 가야한다는 생각으로 기계처럼 오르는 것만 생각하게 된다. 이는 체력에 어느 정도 도움이 되겠지만 등산을 즐기는 차원에서 벗어나는 행위라고 할 수 있다.

등산의 경지는 등산 그 자체를 즐기는 것이다. 즐기지 못하면 등산은 일이 되고 만다. 하기 싫은 일을 억지로 해야 하는 경우가 발생한다. 힘든 과정과 정상정복에 대한 생각에서 자신을 자유롭게 하여 산과 벗하여 자연을 즐기면서 노는 것이 최고의 경지이다. 그 경지를 경험하기 위하여 등산을 하는 것이다.

최근에는 등산로 곳곳에 술을 파는 곳이 등장하여 등산은 하지 않고 산 중턱에 모여서 술을 마시거나 술판을 벌리는 일이 생겨나고 있다. 등산은 안중에도 없이 술 마시는데 눈이 가 있는 경우이다. 이 경우는 퇴계가 말한 유산에 해당하지 않는다. 자연과 벗하여 경치를 즐기는 것이 아니라 술기운에 놀아나기 때문이다.

놀 이

"인간은 놀기 위해 태어난 존재이다"

어린이날 부모가 아이들을 위해 해줄 수 있는 일은 놀이동산에 가서 함께 놀아주는 일이다. 아이들과 함께 놀아주기는 생각만큼 쉽지 않다. 아이들의 수준에 마쳐서 같이 놀아야 하기 때문에 어른의 입장에서는 힘든 일이다. 놀이동산에서 가서 놀이 기구를 타게 하는 경우가 대부분의 부모들이 하는 일이다. 아이들은 놀이 기구를 타는 동안 아이들은 재미있어 할 뿐만 아니라 시간은 빠르게 흘러간다. 하지만 아이들을 놀이 기구를 타게 하는 것은 어떻게 보면 함께 놀아주는 것이 아니라 아이들이 재미있게 놀게 하는 것일 뿐이다. 그렇다면 어떤 것이 아이들과 함께 놀아주는 것일까.

어린이날 아들 친구가족과 학교에서 야구를 하였다. 아이들과 엄마들 그리고 아빠들이 팀을 나누어서 야구를 하면서 진짜 함께 놀았다. 수준에 맞게 던지고 치고 달리면서 재미있게 야구를 하였다. 아이들은 진지하게 야구를 하고 아빠들도 야구에 빠져서 재미있게 함께 놀았다. 아이들도 즐겁고 어른들도 즐거운 야구를 한 것이다. 만약 야구를 하지 않고 놀이동산에 가게 되면 어른도 지치고 아이도 지친다. 가는 길이 막히고 나오는 길도 막히기 때문에 노는 시간은 얼마 되지 않고 기다리는 시간이 대부분이 될 공산이 크다. 그럼에도 불구하고 부모들은 어쩔 수 없이 놀이동산에 가게 된다. 아이들이 원하기 때문에 많은 차들로 길이 막혀도 놀이동산에 가서 놀이 기구를 타야지 함께 놀아 주었다고 생각한다.

생각만 바꾸면 멀리 놀이동산이 아니더라도 함께 할 수 있는 놀이가 많다. 길도 막히지 않고 아이도 즐겁고 부모도 즐거운 일을 찾아서 함께 논다면 그것보다 좋은 일은 없다.

더웠지만 그래도 함께 야구를 하면서 즐거운 시간

을 보냈다. 저녁에는 함께 고기를 구워먹으면서 하루를 정리하였다. 아이들은 아이들끼리 놀아야 재미있다. 어른들이 놀아준다고 하지만 재미가 없다. 친구끼리 모여서 놀 때 재미가 있다. 그래서 친구들을 만나서 놀게 하고 부모들은 같이 모여서 얘기를 하면서 함께 하면 된다. 아들 때문에 아들 친구네 가족들을 알게 되어서 만남을 지속하고 있다. 사회에서 만날 일이 없는 관계인데 단지 아들친구 아빠라는 이유로 서로 관계를 형성하고 있다. 함께 놀게 하는 일이 종종 있다. 서로 만나면 잘 놀 수 있기 때문이다.

놀 친구가 없기 때문에 놀아달라고 아들이 떼를 쓰지만 정말 아들과 놀아 주기가 쉽지 않다. 아들 눈높이에 모든 것을 마쳐 놀아주어야 하는데 아빠인 나는 재미가 없다. 그래도 놀아주어야 하기 때문에 의무감으로 노니까 서로 재미가 없다. 친구가 찾아오면 서로 아주 잘 논다. 수준이 비슷하고 대화가 되기 때문에 재미있게 논다. 그래서 친구가 필요한데 모두가 학원에 가기 때문에 놀 친구가 없어 부모가 놀아주어야 하는 경우가 생기는 것이다.

놀 줄 모르는 아이들이 많이 생겨나고 있다. 혼자 놀아야 하는데 혼자 놀 줄 모르는 아이들도 문제지만 친구들과 어울려 함께 놀지 못하는 것도 문제는 문제이다. 모여서 각자 자기 놀이 세계에 빠져들어 헤어 나오지 못하는 것도 문제다. 그 외에도 놀이의 주도권을 잡고 친구들은 부하나 노예처럼 대우하는 경우 매번 부하가 되니까 재미가 없다. 서로 대등하게 놀아야 하는데 아이들 세상에도 서열이 존재하고 차별이 있다. 누가 만들 것도 아닌데 자연적으로 생겨난다.

혼자서도 잘 놀고 친구들과 어울려 잘 노는 것이 아이들에게 중요하다. 함께 모여서 놀아도 개별적으로 노는 것은 함께 노는 것이 아니다. 서로 어울려 함께 즐겁게 노는 것이 진짜 잘 노는 것이다. 노는 과정 속에서 서로에 대한 존중과 배려를 하는 마음을 배우게 된다.

학원으로 아이들을 내 몰지 말고 잘 노는 아이들로 키워야 한다. 친구들과 만나서 자유롭게 놀 수 있는 놀 권리를 아이들에게 돌려주어야 한다. 부모들이 아이들의 놀 권리를 빼앗고 있다. 이제 돌려주어야 한다. 그래야 제대로 된 어린 시절을 보낼 수 있다. 과잉 경쟁 때문에 아이들은 잘 놀지 못하고 있다. 놀지 못하는 아이는 바보가 될 수 있다.

수영 2

"수영은 물과의 관계맺음이다"

시골에서 자랐기 때문에 수영장에서 수영을 한다는 것을 생각할 수도 없었다. 과거 80년대는 시골에 수영장이 있을 수 있는 그런 사회가 아니었다. 도시에서 조차도 선수들이 연습하거나 시합을 하는 큰 규모의 수영장이 전부였던 시대이다.

시골에서 수영은 저수지나 강 혹은 개천에서 할 수 있었다. 개천에서 하는 수영은 누가 가르쳐 준 것이 아니라 자기 혼자서 물에서 놀다가 수영을 하게 된 것이다. 그 자세는 개헤엄 비슷하다. 세련된 맛은 볼 수가 없다. 겁이 많은 나는 다른 아이들만큼 하지는 못했다. 그냥 물에서 노는 그 자체였다.

수영장에서 수영을 하게 된 것은 아내와 아들과

도심에 있는 수영장에서 수영을 하게 되면서 부터다. 시에서 운영하기 때문에 매우 저렴하게 수영을 할 수 있다. 시간만 있으면 수영은 언제든지 가능하다. 의지와 재미를 알아야 하는데, 수영을 제대로 배워보지 못했기 때문에 재미보다는 아들과 놀아준다는 차원에서 수영장을 다니고 있다.

물에 뜨고 자유형을 할 수 있지만 오래는 수영을 하지 못한다. 호흡과 영법을 제대로 모르기 때문에 그냥 하나하나씩 체험과 시행착오를 경험하면서 하고 있다. 어느 정도 연습하면 수영을 자유롭게 할 수 있을 것이다. 아주 편하고 자유롭게 말이다.

"물에서 논다는 것은 너무 재미있다." 누구에게 배우지 않고 스스로 물에서 놀면서 물에 뜨고 수영을 하는 것은 재미있는 일이다. 매주 목요일 아들과 수영장에 가서 수영을 즐기고 있다. 아들 때문에 가게 되었지만 이제는 같이 즐기는 상태가 되었다.

아마 전문 강사에게 몇 달 배우게 되면 수영을 잘할 수 있겠지만 그냥 혼자 하는 것도 재미있다. 진도는 느리겠지만 스스로 독학으로 배우는 것도 즐거운 일이다. 아들은 수영을 가르쳐 주지 않았는데도 스스로 물과 친해지면서 배영을 할 줄 안다. 깊은 물인데도 두려움을 가지고 않고 자유롭게 물에서 논다.

문제는 꾸준히 연습하면서 스스로 깨닫는 것이 최고의 배움이다. 강사에게 배우면 되지만 쉽지 않다. 배워도 어차피 본인이 연습을 해야 하는 과정이 남아있다. 천천히 생각하면서 물에서 수영을 익혀 나가는 일도 재미있다. 어떻게 해야 수영을 할 수 있는지 직접 물에 뛰어 들어서 물에 몸을 던져 몸이 뜨는 것을 경험하고 그 상태에서 어떻게 앞으로 갈 수 있는가 생각한다. 그리고 좀 더 빠르게 갈 수 있는 방법에 대하여도 고민하게 되면 그 방법을 찾을 수가 있다. 일종의 발견의 공부라고 볼 수 있다. 절실하면 배우게 되고 알게 된다. 절실함이 부족하기 때문이다. 필요에 의하여 배우게 된다.

아내는 대학에서 수영을 강의했다. 물에서 자유롭고 아주 편안하게 힘 들이지 않고 수영을 한다. 수영에 경지에 오른 것 같다. 자유롭게 즐기면서 전여 힘을 들이지 않고 수영을 하는 모습이다.

아내에게 수영을 배우면 되는데 쉽지 않다. 같이 수영을 하지만 아들과 함께 해야 하기에 시간이 많지 않다. 수영법에 대한 요령을 배우고 연습을 해야 하는데 시간이 없다. 연습할 수 있는 시간을 만들어서 지속하게 되면 자연스럽게 습득될 것이다.

수영은 평생스포츠이다. 노인이 되어도 즐겁게 할 수 있는 운동이 수영이다. 제대로 배워서 평생 동안 할 수 있도록 하는 것이 좋을 것 같다. 머리로만 이해하는 것이 아니라 몸으로 배워야 한다. 시간이 날 때마다 수영장에 가서 연습을 반복하다 보면 어느 날 수영을 잘 할 수 있을 것이라고 믿는다. 이런 믿음이 믿음으로 끝나지 않기 위해서 '생각하면서 연습하고, 연습하고 나서 생각하는' 반복을 계속하다 보면 서서히 수영을 배우게 될 것이다.

운 동

"운동은 하는 자의 것이다"

운동은 누가 주인인가. 운동은 여유와 경제력을 가진 사람들의 전유물인가, 아니면 누구나 할 수 있는 모두를 위한 운동인가. 역사를 돌아보면, 운동은 귀족들이 자신의 신분을 과시하기 위한 목적과 여가 시간을 잘 보내기 위안 방안에서 비롯되었다. 노동자를 배격하고 귀족들만을 위한 스포츠를 하고자 했다.

노동시간에 운동을 한다는 것은 용납되지 않았다. 누구나 할 수 있는 게 아니다. 먹고 살기에도 바쁜 현실에서 운동을 한다는 것은 사치였다. 그래서 스포츠는 귀족들의 전유물이 되었다. 경제적 여유가 있고 나서 운동에 관심을 가질 수 있다. 운동은 먼 나라 이야기가 아니다. 경제적 자립과 시간이 확보되지 못해도 시간이 나는 대로 운동을 할 수 있는 사회적 조건이 구비되어 있다. 그냥 하면 되는데 운동을 하는데 걸림돌이 있다. 그 걸림돌을 제거하는 일이 바쁘게 진행되고 있다.

학교생활에서 공부만 하게 되면 반쪽인생, 남과 어울려 놀 줄 모르는 아이가 될 수 있다. 주5일 근무제로 여가시간은 늘어나지만 놀 줄 모르기 때문에 일로 시간을 보내는 일이 빈번하다. 놀아도 제대로 놀줄 모르니까 이상한 쪽으로 놀이(온라인 도박)가 늘어난다. 자신의 취향에 따라서 스포츠를 선택하고 즐길 수 있는 문화가 그래서 필요하다. 그러한 예로 스포츠동호회나 스포츠클럽들을 들 수 있다. 주말에 스포츠 동호회에 참가하여 자신의 취향에 맞게 선택해서 이웃과 함께 즐길 수 있다면 사회는 지금보다 더 살맛나는 사회가 될 수 있을 것이다.

이러한 사회를 만들기 위해서는 학교체육이 정상화 되어야 한다. 정상화는 학생들이 자신이 원하는 스포츠를 즐길 권리를 보장하는 것에 있다. 학생들이 스포츠를 즐길 수 있도록 기회를 만들어서 습관화할 수 있도록 한다면, 성인이 되어서도 대부분의 여가시간을 스포츠로 즐기는 사람들이 많아 질 것이다.

여가를 스포츠로 즐기는 사람들이 늘어난다면 운동부족으로 고생하는 사람들이 적어질 것이다. 그 결과 국가차원에서 의료비용을 절감하게 되어 그 비용을 국가발전에 활용할 수 있다.

운동만 해도 질병을 예방할 수 있기 때문에 국가차원에서 사람들이 일상에서 운동을 하도록 시설과 여건을 만들어 주어야 한다. 그렇게 되면 사람들은 건강과 여가선용의 차원에서 운동을 생활화 하고 사회 전체가 활력이 넘칠 것이다.

적은 돈으로 행복하게 살 수 있는 비결은 적당한 운동을 즐기는 것이다. 정신건강과 신체의 건강을 동시에 해결될 수 있기 때문에 국가 차원에서 운동을 권장하는 프로그램과 홍보를 해야 하는 막중한 책임이 있다. 그래야 운동하는 사람들이 늘어난다.

다양한 스포츠동호회와 스포츠클럽 선수들을 대상으로 국가대표를 선발하여 세계대회에 참가하도록 하는 방법이 선진국형 모델이다. 학생들 중에는 뛰어난 능력이 있음에도 불구하고 과도한 훈련과 방법, 지도자의 권위, 학습권이 보장되지 않는다는 이유로 학생선수가 되기를 거부한다.

학생선수가 되는 과정에는 공부를 못하기 때문에 운동이라도 해서 대학에 가겠다는 잘못된 논리가 작동하고 있다. 운동에서 재미를 느끼지 못하고 운동만 해야 하는 것은 학생선수 개인에게도 피해지만 경기력을 향상시키는데도 한계가 있다.

만약 운동에서 재미를 발견할 수 있고, 운동과 공부를 병행할 수 있는 분위기가 형성된다면, 뛰어난 운동재능을 가진 스포츠영재의 출현을 기대할 수 있다. 모든 학생이 운동할 수 있는 기회를 늘려가는 것도 교육차원에서나 경기력 향상에서나 모두 필요하다.

체 육

"경쟁과 기록 없는 학교체육"

학교체육에 대하여 얘기하려고 한다. 학교체육은
학교에서 교육목적을 달성하기 위하여 계획적인 신
체를 통한 교육이라고 정의하고 있다. 전인교육을 교
육의 목적으로 가지고 있는 학교에서 체육을 빼놓고
전인교육을 말할 수 없다. 이 때문에 체육이 학교에
서 자리를 잡고 있다.

하지만 학교에서 하는 체육을 보면 운동선수를 조
기에 발견하거나 동물성을 강화하는 교육이 주가 된
다. 전인교육과는 한참 거리를 두고 있다. 그럼에도
불구하고 학교에서 체육이 가르쳐야 할 하등의 이유
가 없다. 지금 학교에서 가르치고 있는 수업형태는
학교주변과 주택가 주변에 있는 상업스포츠 시설을

이용하면 더 효율적으로 더 잘 배울 수 있다.

만약 학교체육에서 경쟁과 기록이 없는 교육을 하다면, 어떤 현상이 있을까. 발도르프교육을 창안한 슈타이너는 학교에서 체육이 동물성을 강화시키고 있다고 비판하였다. 그래서 그가 내놓은 대안은 경쟁과 기록이 없는 체육이다. 연령대에 맞는 체육을 실시해야 교육의 목적을 실현하는데 체육이 그 역할을 다한다고 말한다.

체육에서 경쟁과 기록을 빼면 수업이 곤란하다. 평가를 할 수 없다. 객관화된 성적을 제시되어야 하는데 객관적으로 보여줄 수 있는 것은 수치화된 결과뿐이다. 만약 숫자로 보여주지 못하면 학부모님들께 항의를 받는다. 어떻게 평가를 믿을 수 있냐고 항변한다. 교사의 주관성을 신뢰하지 못하게 만든 체육교사도 문제이다. 신뢰가 형성되면 교사의 주관적 판단은 문제가 되지 않는다.

경쟁과 기록이 없는 체육은 체육이 아니라 여가나 레크리에이션이라고 말하는 교사가 있다. 그 만큼 현재 이 땅에서 체육은 운동 기능만을 강화하는 교육으로 자리 잡은 것이다. 체육은 운동선수를 조기에 발굴하고 학생들의 경기능력을 향상시키는 것만이 아니다.

모든 교육은 선수를 육성하는 방법을 사용하고 있다. 수학을 예로 들어보자. 수학은 고등사고력을 개발하는데 필요한 교과이다. 현실은 수학 문제를 잘 푸는 방법을 제시하고 그것을 익혀서 수능이라는 시합에서 고득점을 하도록 한다. 사고력 개발이 아니라 수학풀이 기능향상에 주목하고 있다. 수학선수만 집중 훈련할 때 고차원의 사고력을 개발하는 본래의 목적에서 벗어날 수 있다.

영어 역시 영어문제를 잘 푸는 것이 주목적이다. 영어선수를 육성하는데 모든 영어 교사가 매달린다. 영어는 국제화시대에 맞게 영화회화를 배우는 데 목적이 있다. 영어를 사용하는 외국인과 어렵지 않게 의사를 소통하는 데 주안점을 두어야 한다. 하지만 현실은 너무나 유창하게 또는 영어문제를 잘 푸는데만 관심을 두고 있다. 그 결과 외국인과 의사소통을 불가능하게 만든다. 얼마나 많은 시간을 영어에 쏟아

붓고 있지만 그 결과는 너무 초라하다.

왜 이러한 현상이 나타나는가? 그 주된 이유는 학부모들의 기대 때문이다. 학교에 보냈는데 눈으로 확인할 수 있는 결과를 보지 못하는 부모님들은 학교를 신뢰하지 못한다. 그래서 도대체 학교에서 애들에게 무엇을 가르치라는 항의가 이어진다.

학교에서는 무엇인가 보여주어야 하는데 그 가시적인 성과는 순응시험이다. 1년을 결산하는 전국대회에서 서울대에 몇 명, 명문대에 몇 명으로 이어지는 학교 교문 앞의 홍보물은 그 학교의 성적과 명문고인지 아닌지 판가름 하는 잣대가 된다.

운동선수들이 공부를 하지 않는다고 비난하지 말아야한다. 도리어 일반학생들이 운동을 하지 않는 것에 대하여 비난한다. 너무나 운동과 담쌓고 공부만 한다. 둘 다 비정상적이다. 모두가 시합만 준비하고 교사들 역시 시합에 사활을 건다.

체육의 영재학교라고 체육고등에서 전국체전을 준비하고 그 결과에 의해서 평가받는 것처럼, 일반 학교들은 모두가 수능에 목숨을 건다. 체고가 제전고가 되듯이 일반 학교들은 수능고가 된다. 그렇기 때문에 수학선수, 운동선수 등 선수들만 육성하고 선수가 되지 못하는 학생들은 조연과 관중에 불과하다.

학교를 대표하는 선수가 어느 정도 성적을 얻을 수 있는지, 그 덕택에 명문고라는 명칭을 유지할 수 있는지, 친구 때문에 덕을 볼 수 있는지에만 관심을 가진다. 선수만 필요한 것이 아니라 고차원적인 사고력을 개발하고 전인교육이라는 교육의 원래 목적을 실현하기 위하여 제대로 된 교육이 이루어져야 한다.

중독

"너무 한 가지에 빠지지 마라"

전문가들에게 중독은 없다. 아마추어에게 중독현상은 심각하다. 대표적인 술 중독을 들어보자. 술을 음미하면서 다양한 술을 맛보는 애주가들은 절대 중독자가 되지 않는다. 맛을 즐길 뿐 취하게 마시지 않는다. 분위기 때문에 마시지 취하기 위하여 마시지 않는다.

과음은 사람을 추하게 만든다. 평소에 볼 수 없는 흐트러진 모습을 만나면 다음에 또 다시 만나기 싫어진다. 좋은 만남은 과음하지 않은 상태에서 헤어짐이 필요하다. 1차에서 헤어지는 것은 다음을 위한 좋은 습관이다. 술 맛을 모르고 취하는 것과 기분 때문에 술을 마시는 사람은 아마추어다. 그 때문에 알코

올 중독이 더 빠르게 늘어난다.

운동선수의 경우도 진짜 운동선수들은 운동을 오래하지 않는다. 운동할 때 집중해서 할 뿐 오랜 시간을 운동하지 않는다. 오래 운동하는 것을 싫어한다. 휴식을 더 원한다. 그런데 운동중독이 아마추어들에게 더 많은 현상은 모순이다.

직업으로 운동을 하는 사람들보다 아마추어가 더 운동을 한다는 것은 상식선으로 봐도 이해가 가지 않는다. 더 운동을 해야 직업적으로 안정적일 것 같은데 실제로 아마추어들이 시간을 더 오래 운동하고 있고 운동중독에 빠진다. 그 이유는 아마추어들이 엔도르핀 때문에 운동을 하기 때문이다. 일종의 마약을 하기 위해서 운동중독에 빠진다. 자신을 경계하지 못하기 때문에 나타나는 현상이다.

중독에 빠지지 않는 일은 경계를 잘 유지하는 것이다. 과잉하지 않는 것이 가장 중요하다. 운동을 하든 술을 마시든 적당하게 마시는 자기 절제가 필요하다. 아무런 관리와 경계를 하지 않으면 과하게 되고 그 결과 중독을 빠지게 된다.

중독에서 벗어나기가 어렵다. 그렇기 때문에 중독에 빠지기 전에 경계를 유지해야 한다. 적당히 즐기는 것은 문제가 되지 않는다. 너무나 지나칠 때 문제가 된다. 중독을 피하기 위하여 금지하는 것 역시 별효과가 없다. 법으로 금지한다고 중독자가 술을 안 마신다고 할 수 없다. 음성적으로 보이지 않는 곳에서 이전보다 더 많이 마실 것이다.

그럼 술 자체를 생산하지 않으면 술을 마시지 않을 것이다. 조선시대 술 제조 자체를 금지하는 경우와 같이 원천봉쇄하면 모든 것을 해결할 수 있게 된다. 하지만 인간의 자유를 보장하는 입장에서 모든 것을 법으로 규제하려는 것은 인간의 자유를 축소하고 국가 통제를 강화하려는 잘못된 발상이다. 중독자들은 어떤 수단도 가리지 않고 술을 마신다. 그것이 드러나지 않기 때문에 해결되었다고 자축할 수 있지만 보이지 않는 곳에서 더 성행할 수 있다.

운동중독 역시 운동을 하지 못하게 할 수는 없다. 교육을 통해서 운동에 중독되지 않도록 해야 하며, 운동중독자의 경우 스스로 중독에서 벗어날 수 있도

132

록 교육과 도움을 제공하는 것이 더 요구된다.

특정한 종목에 중독된 사람들이 많기 때문에 다른 종목을 하게 한다든가. 일정기간 운동을 잠정적으로 중단하고 다른 취미를 살리도록 도움을 주는 것도 좋은 방법이다. 아니면 운동중독 당사자의 하루 일과를 영상으로 제작하여 보여주면서 중독의 심각성을 자각할 수 있도록 도움을 주는 것 역시 스스로 재활할 수 있도록 하는 좋은 방법이다.

모든 것이 과하게 되면 문제가 된다. 과하기 전에 스스로 절제할 수 있는 통제력과 경계하는 자세가 요구된다. 운동을 해도 1주일에 2~3회 정도, 운동도 하루 2시간 내에 할 수 있도록 규칙을 정하여 운동을 하게 되면 운동중독에 빠지지 않고 운동을 즐기면서 할 수 있다.

운동이 일이 되면 운동을 중단해야 한다. 즐기기 위해서 운동을 하는 것이다. 운동을 해야만 하는 일이 되면 그 때부터 운동이 자신을 억압하고 규제하게 된다. 자신이 운동에 종속되기 전에 알아서 조절하는 지혜가 필요하다. 알면서 행하지 않게 되면 중독에서 벗어나는 길은 요원해진다. 운동을 전혀 안 해도 문제지만 너무하는 것 역시 문제다.

가짜

"가짜와 진짜의 차이는 진정성이다"

체육학계의 현실을 들여다보면 절망하게 만드는 몇 가지 것들이 있다. 업적평가가 등장하면서 비슷한 논문들이 대량으로 만들어 지고 있다. 거기서 거기인 비슷한 논문들이 대량으로 쏟아져 나온다. 인용되지도 않고 누가 찾아서 읽어 봐주지도 않는다. 대개가 업적용 논문이다.

학문하는 사람은 위기지학이라고 자기만족을 위해서 학문을 한다고 자조하면 그만일까. 누구에게 영감을 주거나 생각의 변화를 주지 못한다면 그 글은 쓸모가 없다. 이미 유통되지 못하면 생명을 다한 것이다. 폐기 처분되어야 할 대상으로 남는다. 어떻게 보면 자신의 부끄러움 흔적이 될 수도 있다. 쉽게 쓰거나 얻은 것은 쉽게 사라지게 마련이다.

어떻게 대량생산이 가능할까. 이미 연구소는 연구하는 기관이 아니라 논문공장이 되어가고 있다. 공장이라는 표현은 대량으로 만들어 지기에 어울리는 말이다. 1인 작업에서 다수가 분업으로 일을 하는 공장이 되어 버렸다. 더 이상 쓰는 것이 아니라 만드는 것으로 변화되었다.

논문은 쓰는 것이다. 하지만 나는 쓴다는 표현보다 만든다는 표현이 더 맞는 말이라고 생각한다. 한 줄의 글을 쓰기 위해 치열한 고민의 흔적이 있어야 한다. 너무나 쉽게 글을 쓰기 때문에 일종의 생산 내지는 만든다고 보면 될 것 같다. 논문의 비중에 높아진 이후의 이 같은 현상은 지배적인 현상이 되었다. 지금도 연구실에서 죽을 힘을 다해 논문을 만들고 있다.

체육학 관련 학회와 그 학회에서 만들어 내는 학회지의 논문들은 다른 학문들과 비교할 때 넘쳐난다. 과잉이다. 언제부터 체육학자들은 이렇게 열심히 논문들을 만들게 되었을까. 교수가 되기 위해 생산해내던 논문들이 교수가 되어 안정적인 자리를 얻게 되

136

면, 논문 쓰기는 중단되고 최소한 업적만을 위해 논문을 썼다. 하지만 지금은 학진, 교내 업적평가에서 논문의 양은 중요한 평가대상이 되었다.

많은 양의 논문을 발표하는 학자들을 들여다보면, 개인이 연구한 논문은 드물다 대개가 공동연구라고 보면 된다. 그것도 대학원생들이 공동연구자로 되어 있다. 지도학생들이 논문생산에 참여하고 있는 것이다. 그 수준은 대학원생 수준에 불과하다. 어떻게 보면 평생을 학문한 사람이 스스로 자신의 성취한 학문세계를 부끄럽게 하고 있다. 아마 자신이 성취한 학문세계가 없기 때문에 그렇지 않나 생각해 본다.

심지어 논문 한편 스스로 쓰지 않고 다른 연구자에 기생하는 사람도 있다. 교수가 되기 전에는 동료에게 기생하여 논문을 만든다. 경제적 여유가 있기 때문에 게재비가 부담이 되는 동료에게 게제비용을 내주는 방식으로 무임승차한다. 교수가 된 이후에는 권력을 가지고 강사와 대학원생을 이용하여 논문을 만든다. 강사는 강의를 주는 조건으로 논문을 요구하고, 대학원생은 졸업을 시켜주는 조건으로 논문을 강요한다. 거기에서 무언의 압력이 작동한다. 실제로 그렇게 말하지는 않더라도 동일하게 피해가 대상자에게 가해진다.

이렇게 생산한 많은 연구업적은 다른 학자들로부터 부러움에 대상이 된다. 비교가 된다. 어떻게 저렇게 열심히 논문을 쓸 수 있는지 의구심마저 든다. 그것은 개인의 노력으로 도달할 수 있는 수준이 아니다. 지도학생 한명 없는 지방대학의 교수는 죽어라고 혼자 써대야 한다. 따라갈 수가 없다.

주위의 도움으로 만들어진 연구업적으로 학진 과제에 채택되어 연구비를 받아서 일부의 돈을 사용하여 다른 사람의 힘을 빌려 논문을 쓴다. 하청업자는 찾아 의뢰하는 것이다. 취직 못하고 실업자 상태에 있는 박사들이 많기 때문에 하청업자들은 널려있다. 이들은 잘 활용하면 논문은 만들어 낼 수 있다.

이들이 써내는 논문은 창의성도 학문적 기여도 찾을 수 없는 그냥 업적용 혹은 제출용 논문이다. 써봐야 자신이 이름은 들어가지 않고 다른 사람의 이름으로 출판되기 때문이다. 호구책으로 만들어진 논문은 그렇게 종이만 낭비하고 세금만 낭비하게 된다.

서로 공범자가 된다.

참맛

"품위가 필요하다"

말에는 맛과 멋이 있다. 이 말은 이 땅에 살고 있는 사람들이 추구하는 가치이다. 보통 사람들이 집중하는 것은 의식주이다. 쉬운 말로 먹고사는 일이다. 그렇다고 먹고사는 일에서 품위를 생략할 수 없다. 의식주의 품위는 맛과 멋 속에서 찾을 수 있다. 맛은 먹는 것의 최고 가치이고, 멋은 입는 것과 거주하는 곳의 최고 가치이다. 우리 일상은 맛과 멋으로 채워져 있어서 그 만큼 맛과 멋에서 벗어나기 쉽지 않다. 이 순간에서도 사람들은 맛과 멋을 찾는다.

사람들은 맛있는 집을 찾는다. 이유를 묻지 않아도 알 수 있다. 맛있기 때문이다. 맛을 위해 사람들은 긴 줄을 서도 짜증내지 않고 기다린다. 식도락가들이 맛 집을 찾아서 전국을 돌아다닌다. 그 만큼 맛있기 때문이다. 꿀맛은 먹어본 사람만이 그 맛을 알 수 있다. 아무리 아름다운 말과 글로 표현을 해도 꿀맛을 완전히 설명할 수 없다. 먹어보지 않았기 때문이다. 과일도 다양한 것처럼 다양한 맛이 있다. 살구의 맛, 사과의 맛, 수박의 맛 등 다양하다. 우리는 계절에 따라서 다양한 과일의 맛을 즐길 수 있다.

맛과 멋은 스포츠에도 있다. 스포츠의 맛은 하는 즐거움이다. 나도 한 때 농구에 미쳐 농구대에 이렇게 써 놓았다. '그 맛은 누가 알리요!' 과연 스포츠의 맛은 누가 알 수 있을까. 바로 해본 사람만이 알 수 있는 체험의 즐거움이며, 말로 표현할 수 없는 독특한 즐거움이다. 스포츠와 내가 하나 되는 물아일치의 경지이다. 스포츠의 맛은 과일의 맛처럼 다양하다. 여름철 물위를 가로지르며 느끼는 수상스키의 맛, 겨울철 하얀 설원위에서 체험하는 스키의 맛은 색 다른 차원의 맛이다. 스포츠의 종목이 다양한 만큼 스포츠의 맛 또한 다양하다.

농구의 맛은 덩크슛에 있다. 덩크슛은 선수가 하늘

높이 솟구쳐 내려오면서 3미터 5센티의 링 위에서 공을 내려찍는 숏이다. 그 중에서도 슬램덩크는 덩크숏 중에 백미이다. 배구의 맛은 3미터 공격라인 뒤에서 후미 선수가 점프를 하여 하늘 높이 솟아 오른 공을 도끼로 장작을 패듯이 내려찍을 때의 맛과 그 공이 마루에 부딪혀 솟구칠 때의 맛이다. 그 시원함은 통쾌, 상쾌, 유쾌하다. 핸드볼의 맛은 6미터 공격라인 밖에서 이중 점프를 해서 공중에서 공을 잡아 체공 시간을 이용해 멋진 스카이 숏을 날릴 때의 즐거움이다. 골프의 맛은 홀인원에 있다. 이 모든 것이 스포츠의 맛이다.

스포츠의 멋은 보는 즐거움이다. 스포츠의 맛을 체험한 사람의 몸짓에서 발견되는 또 다른 즐거움이다. 일종의 보는 스포츠의 즐거움이라고 할 수 있다. 동작이 화려하지는 않지만 자연스럽고 깨끗한 동작에서 느껴지는 즐거움이다. 동작이 너무 과장되지도 않는다. 있는 그대로 자연스러운 동작 속에서 발견되는 즐거움이다. 물과 내가 하나가 되어 펼치는 수영의 멋은 어느 특정한 개인의 멋이 아니다. 보는 그대로 들어나는 멋이다. 또한 반칙이 없는 신사적인 행위에서도 스포츠의 멋은 드러난다.

스카이다이빙의 멋은 하늘 높이에서 다양한 모습과 멋진 수를 놓는 데서 찾을 수 있다. 다이빙의 멋은 다이빙 선수가 3미터 높이에서 뛰어 내리면서 펼치는 몸동작에서 찾을 수 있다. 또 입수할 때의 모습은 또 다른 즐거움이다. 싱크로나이즈의 멋은 선수들이 물에서 조화와 균형을 연출하는 모습에서 멋을 발견할 수 있다. 장대높이뛰기의 멋은 선수가 하늘 높이 솟아올라 바를 넘을 때와 새처럼 하강하는 동작에서 볼 수 있다. 피겨스케이팅의 멋은 얼음 위에서 스케이트 날에 의존해서 자신의 생각을 몸으로 표현해내는 동작에서 나타난다.

스포츠의 맛과 멋은 하나이다. 단지 하는 즐거움과 보는 즐거움의 차이일 뿐이다. 스포츠의 맛과 멋은 스포츠를 하는 사람과 보는 사람만이 알 수 있다. 해보지 않은 사람에게 말과 글로 아무리 표현해도 도무지 알 수 없다. 하거나 보지 않고서는 도무지 알 수 없는 것이 스포츠의 맛과 멋이다. 사람들은 그 맛

143
2부 운동

과 멋에 빠져든다. 그 맛과 멋은 하는 사람과 보는 사람이 주인이다. 이제 스포츠 속으로 들어가서 온몸으로 맛과 멋을 경험해 보는 것만 남아있다. 왜냐하면 하거나 보는 사람만이 그 맛을 알 수 있기 때문이다.

구 경

"야구 구경은 재미있다"

처음으로 야구장에 갔다. 시골서 태어나 자랐기 때문에 야구장 구경은 쉽지 않았다. 그렇다고 어른이 되어도 가보지 않은 야구장을 찾기란 그 역시 쉽지 않다. 그래도 내성적인 성격이 많이 변해서 주저하는 것이 없어졌지만 여전히 해보지 않은 것을 하려고 하지 않는다. 학생들에게 프로스포츠가 살 길은 관중 밖에 없다고 경기장을 가라고 말 하지만 그 동안 나는 실천하지 않았다. 익숙하지 않은 것에 흥미가 없고 하기를 주저하기 때문에 야구장 구경은 먼 나라 이야기에 불과하다. 아들 친구네 덕분에 우연한 기회에 야구장을 가게 되었다. 수많은 관중은 야구장의 열기를 실감하게 되었다.

자기가 원하는 팀을 응원하기 위하여 자발적으로 참여한 관중은 응원도 사전에 연습 없이 호흡을 맞추면서 하는 것이 신기했다. 프로야구선수들의 경기 모습은 재미있었다. 야구선수들의 경기를 보면서 내가 어려서 야구를 했다면 잘 할 수 있지 않았을까 하는 생각을 막연하게 하였다. 던지고 치고 그리고 수비하는 야구는 축구나 농구처럼 지구력을 요구하는 경기가 아니라 집중력을 유지하는 경기라는 특성이 있다. 지구력 때문에 운동선수 생활을 접어야 했던 나에게 야구는 나의 운동신경을 유감없이 발휘할 수 있는 종목이라고 생각이 들었다.

접근성이 용이하지 않은 야구는 부유한 집안의 아이들이 학교에서 할 수 있는 운동이었다. 장비가 고가이기 때문에 접근을 허용하지 않는다. 어려서 야구를 선수로서 해볼 기회가 있었다면 아주 잘 했을 것이라는 생각이 드는 것은 만용이 아니라 현실성 있는 생각이다. 운동감각이 뛰어나기 때문에 타자로서 그 실력을 발휘할 수 있었을 것이라 생각해본다. 시간이 지나 이제는 다시 선수가 될 수 없다. 다만 생각뿐이다. 할 수 없기에 선수들의 기량을 즐기면 되는 것이다.

야구장 구경도 하나의 볼거리이다. 세상에는 볼거리가 참 많아졌다. 영화극장도 동시상영관이 생겨나서 다양하게 자신의 기호에 맞게 보면 된다. 스포츠 구경도 다양한 종목이 프로화되었기 때문에 선택해서 볼 수 있다.

문제는 역시 게으르지 않고 부지런하게 경기장을 찾는 것에 있다. 그 만큼 볼거리가 많다는 것을 말한다. 볼거리를 즐기는 것 역시 문화 영역을 확장하는 것이다. 구경 해본 사람과 해보지 않은 사람의 거리는 크다. 경험의 중요성이 그래서 중요하다. 경험은 다음번에도 해 볼 가능성이 크다. 하지만 경험이 없이 새롭게 시도하기는 쉽지 않다.

세상에는 다양한 것이 있다는 것을 구경을 통해서 아들에게 보여주고 싶다. 다양한 경험은 그 만큼 자신의 문화생활의 영역을 넓혀 줄 수 있다는 점에서 시도해 볼 가치가 있다. TV로만 보는 것과 경기장에서 직접 보는 것은 다르다. 전광판에 출전선수와 선수이력 그리고 경기분석을 한 눈에 확인할 수 있다는 점에서 볼거리가 풍부해졌다는 것을 알게 된다.

세상에는 구경거리가 많다. 그 구경거리를 잘 즐기기 위해서는 알아야 한다. 알아야 잘 구경할 수 있다. 야구를 보기 위해서는 선수는 물론 야구에 대한 규칙과 작전에 대한 이해가 선행된다. 야구 규칙과 작전에 대한 이해는 야구를 다양하게 보게 할 뿐만 아니라 야구에 빠지게 만든다. 그 때 볼거리로서 야구는 나에게 하나의 의미 있는 것으로 다가 오게 된다. 규칙도 모르고 응원하는 팀도 없이 구경하는 것은 지루하고 재미없는 것이 된다. 재미는 나의 노력에 의해서 만들어 진다. 알아야 보고 집중하고 즐기게 된다.

재미없던 야구도 재미있게 다가오는 것은 바로 집중이다. 집중하면 빠지게 되고 즐기게 된다. 그냥 보는 것이 아니라 선수들의 투구 동작 하나하나에 시선을 고정하여 볼 수 있다는 점에서 즐거움을 더 한다. 처음으로 야구장에서의 경기 구경은 나에게도 큰 의미가 있다.

캠 핑

"캠핑은 야생생활의 체험이다"

아직도 나에게는 여름방학이 있다. 학생이 아니지만 학교에 다니면서 강의로 생계를 해결하고 있기 때문에 학생이 방학을 하면 나는 일자리를 잃지만 그래도 방학을 한다. 여름방학은 학생 때나 지금이나 좋지만 그래도 학생 때에는 생계를 걱정하지 않아서 좋았다.

지금은 걱정이다. 방학이 되면 그 동안 벌어 놓았던 돈을 축내기 때문이다. 4달 벌어서 2달 버티는 그런 삶의 연속이다. 여름방학이 되면 몇 년 사이 같은 곳으로 캠핑을 간다. 강원도 평창군 진부면에 위치한 오대산이다. 그곳은 자연 캠핑장이 있다. 소금강 캠프장과 동피골 야영장이 있다. 나는 오토캠핑장인 소금강 보다는 동피골 야영장을 더 선호한다. 이곳만 5년 연속으로 여름방학을 보냈다.

동피골과의 인연은 대학 때 친구들과 설악산과 오대산을 연속하여 등반한 기억이 있다. 등산이라고는 해보지 않는 나에게 산을 오르는 것은 하나의 모험이었다. 하지만 군에서 단련된 체력과 정신력은 설악산과 오대산을 오르는 것은 문제가 되지 않았다. 젊었기 때문에 젊음의 혈기로 가능했다.

새벽이 어치나 추었던지 그 쌀쌀한 추위를 지금까지 잊지 못하고 있다. 그 후 결혼하여 아이들이 생기고 어딘가 가야한다는 생각 때문에 찾은 곳이 오대산이다. 그렇게 인연이 되어서 여름방학이 되면 매년 오대산으로 간다. 차가운 시냇물은 더위를 이겨내기에 안성맞춤이다. 시간이 지날수록 사람들의 숫자가 적어져 올해는 한가하게 다녀왔다.

아들과 단둘이서 오대산을 찾은 적이 있다. 동피골 야영장 중에서 한가로운 곳에 텐트를 치고 2박3일을 보내고 왔다. 다른 놀잇감이 존재하지 않기 때문에 동피골 계곡에서 아들과 물수제비를 뜨고, 돌을 맞추는 놀이로 더위를 잊었다. 수영과 물놀이는 금지하고 있어서 발을 담구고 시원함을 온몸으로 느꼈다.

심심해하는 아들과 특별한 놀이는 하지 못하고 매 식사를 준비하고 밤이면 책을 읽어주는 일로 시간을 보냈다. 밤에는 손전등불로 밤을 밝혔고 잠으로 긴 시간을 보냈다. 밤은 길었고 새벽에는 너무 추어서 이불은 많이 준비하지 못한 것을 후회하기도 했다. 야영에는 침낭이 최고라는 것을 절실하게 느꼈다.

다음날 동해안으로 향했다. 주문지 연안의 해수욕 장을 창문 밖으로 보고 직접 물속으로 들어가지는 않았다. 도로가 잘 정리되어 있어서 고속도로를 이용 하면 편리하게 다녀올 수 있게 되었다. 오면서 휴게 실에 잠시 들러 휴식을 취하면서 안전하게 캠핑에서 돌아왔다. 아들과 집에서 보다 많은 대화를 했지만, 운전과 아들의 잠으로 단절되었다. 그래도 2박 3일 동안 함께 지냈기 때문에 집에서와는 다른 느낌을 가지게 되었다.

내년 여름방학도 오대산에서 보내고 싶다. 조용하 고 캠핑하기 좋은 곳, 계곡의 차가운 물이 있어 무더위를 보내기 좋은 곳이다. 보다 더 좋은 곳이 전국에 많이 있겠지만 나에게 아직까지는 여름방학 무더위를 오대산에서 보내고 싶은 생각이 간절하다.

유 산

"고독하게 귀천한 스포츠 스타의 유산"

김병찬 선수의 죽음은 우리를 당황스럽게 한다. 모든 여론이 김병찬 선수의 죽음과 관련하여 그가 받았던 52만 5천 원이라는 선수연금에 초점을 맞추고 있다. 화려한 선수생활에 비하여 초라하게 살 수밖에 없었던 현실에 우리는 화가 난다. 도대체 국가는 무엇을 했는지 비판하는 사람들이 있다.

그래서 문화체육관광부는 다시는 김병찬 선수와 같은 선수가 발생하지 않도록 새로운 제도를 만들어 발표하였다. 문제가 있을 때마다 여론을 의식해서 내놓는 제도는 얼마가지 못할 뿐만 아니라 활용되지 못하는 임시방편 책에 불과하다. 얼마 전에는 예술혼을 불태우면서 정열적으로 삶을 살았던 연극배우가 고시원에서 고독하게 귀천했다.

중요한 것은 국가를 탓하는 것이 아니라 우리들의 관심이 없었다는 것에 분노해야 한다. 같은 시공간에서 살아가는 입장에서 보면 도움이 필요한 이웃에 대하여 우리는 관심이 없다. 대한민국이 자랑할 수 있는 역도스타(도움이 필요한 우리 이웃들)를 잊고 살아왔다.

젊음을 던져 국위를 선양한 분은 우리는 보살펴야 하는 것이 맞다. 역도스타의 메달에 열광했었던 우리는 경기가 끝나면 모든 것을 잊어버린다. 왜냐하면 우리는 자신의 이해관계에 따라서 행동하기 때문이다. 자신에게 이익이 되지 않는 것에 대하여 무관심하다. 바로 그 무관심이 무서운 폭력이다.

김병찬 선수의 고독사는 역도스타이기 때문에 우리가 분노하는 것이 아니다. 유명한 역도스타가 아니더라도 경제적 능력이 상실되고, 질병으로 더 어려운 생활을 하고 있는 우리 이웃이 있다. 지금 우리가 김병찬 선수의 죽음에 분노하고 있다면 이웃에 무관심한 자신을 성찰하는 것이 먼저다. 연금액수가 중요한 것이 아니라 그 동안 김병찬 선수에 대한 관심이 없었다는 것이다. 후원금을 주는 것도 중요하지만 따뜻한 관심과 마음을 전하는 것이 더 필요하다. 선수의 죽음에 분노하지 말고, 이웃에 무관심한 자신에게 분노하는 것이 필요하다. 우리 주변 이웃들에게 관심을 가지는 것이 고 김병찬 선수의 죽음이 우리사회에 던지는 메시지이다. 단지 연금 액수에 주목하다 놓치고 있는 것이 바로 우리들의 무관심이다.

외 향

"승부는 해봐야 안다"

시합을 하기 전에 외향만 보고 주눅이 들어서 자신의 실력을 발휘하지 못하는 것만큼 어리석은 일도 없다.

적어도 실력으로 승부를 해보는 것이 중요하다. 실전에서 실력이 확인되면, 승패에 승복하고 배워야 한다. 자기보다 능력 있는 사람에게 배우는 것은 창피한 일이 아니다. 배우려는 자세가 무엇보다 중요하다.

WBC야구대회 때문에 나라가 온통 야구에 빠져들고 있다. 세계적인 선수는 미국 메이저리그에 모여 있다. 그래서 메이저리그 출신이 1명밖에 없는 한국은 야구의 변방으로 취급한다.

메이저급 선수라는 그 자체는 얼마나 모순인가. 그보다 더 잘하는 선수가 나올 수 있는데 자기 나라 선수가 최고라고 주장하는 것은 다른 나라를 무시하는 경우이다. 물론 객관적인 입장에서 봐도 메이저리그 선수들의 실력을 무시할 수 없다.

하지만 메이저리그 출신들이 많이 있다고 해서 경기에서 항상 승리하는 것은 아니다. 외향만 보고 판단해서는 곤란하다는 얘기이다. 베네수엘라 선수들은 전원이 전, 현직 메이저리그 선수들로 구성되어 있다. 그럼에도 불구하고 한국과의 경기에서 패배하였다.

야구에서는 실제 실력이 중요하지 화려한 외향이 중요한 것이 아니다. 메이저리그 선수들은 연봉 액이 많다고 최고의 선수들은 아니다. 선수나 사람을 판단할 때 외향, 즉 겉모습과 그의 화려한 이력만을 본다. 어떤 사람은 명함에 호화로운 이력을 가득 채우고 있다. 자세히 보면 유치한 수준이다. 명함용으로 화려한 이력을 위해 직책을 맡는 것 같다. 한 조직이라도 잘 해야 하는데 여러 직책을 맡는 다는 것은 이력만 탐을 내고 있을 뿐 실제로 일을 제대로 수행하지 않고 있다는 것을 의미한다.

경기에서는 승부근성과 집중력이 필요하다. 반드시 이기겠다는 의지가 있어야 경기에서 승리한다. 만약 집중력과 승부근성이 없다면 승리하기는 어렵다.

겉으로 보이는 화려한 이력과 연봉 액이 중요한 것이 아니라 실제 실력이 중요하다. 겉으로 들어나지 않지만 그 사람의 내공은 실제에서 확인된다. 메이저리그 선수는 1명이지만 실제로 그 능력은 메이저리그 정도이거나 이상의 실력을 가진 선수들이 많다. 그들에게 기회가 없었기 때문이며 상대적으로 메이저리그 선수들을 너무 과대평가한 이유이기도 하다.

화려한 이력과 현재의 사회적 지위, 경제적 능력에 주눅들 필요가 없다. 풍선과 같은 것이다. 내공은 없으면서 화려한 이력으로 자신을 과시하는 것은 빈 그릇이 요란하다는 소리와 다르지 않다. 우리가 살아가면서 권력에 눌려서 자신의 능력을 소진해서는 안 된다. 교수라고 모두가 실력이 있는 것은 아니다. 운이 좋아서, 재력이 뛰어나서, 어떤 일 때문에 교수가 될 수는 있지만 실제 공부를 하지 않고는 실력을 쌓기는 어렵다. 교수라고 학문적으로 뛰어난 사람만을 말하는 것은 아니다. 다만 인간성이 좋고 대인관계가 원만한 사람일 수 있다.

야구에서 중요한 것은 실제 실력이다. 메이저리그 선수들에게 기죽을 일이 없기 때문에 자신의 실력을 유감없이 발휘하고 있다고 본다. 상대를 외향만을 보고 판단하고 무시하며 크게 패배한다는 것을 한국과 베네수엘라 경기를 통해서 얻었다. 객관적인 전력으로 상대가 안 되지만 실제는 거꾸로 상대팀을 상대가 안 되게 경기를 했다.

포장지나 입소문 때문에 과장되게 알려진 경우가 생각보다 많다. 그 내용물과 실제를 잘 알지 못하면서 쉽게 판단해서 스스로 포기하는 경우가 많다. 일단 부딪혀 보는 게 필요하다. 실제 해보지도 않고 쉽게 상대를 평가해서는 안 된다. 능력이 없으면서 요란한 경우를 주위에서 너무나 많이 본다. 능력 있는 사람은 외부적으로 능력을 들러내지 않고 경기장에서 능력을 보여준다.

살 림

"살림살이는 생명연장이다"

개인의 경제능력은 곧 주체적 사회생활의 척도이며 자주적으로 사회생활을 하면서 살아갈 수 있는 능력을 말한다. 경제적 자립이 없이 누군가에 의존하고 있다면 종속적 관계에서 벗어나지 못한다. 그래서 경제적 비용이 요구되는 모든 경우에는 누군가에 의존할 수밖에 없다.

경제적 자립이 다른 것보다 중요한 이유는 개인이 가질 수 있는 주체적 행동 때문이다. 자기 목소리로 당당하게 주장하고 비판을 할 수 있어야 하는데 경제적으로 자립이 불가능할 경우, 눈치를 봐야하고 비판을 할 수가 없다. 더구나 누군가와 적대적 관계가 성립되면 존립하기가 더욱 어려워진다.

태권도학에 대한 이창후의 비판은 경제적 자립내지는 태권도학계에 관련성(이해관계)이 없기 때문에 가능하다. 그래서 그는 아주 비판적으로 태권도학 또는 관련 전공 교수들을 비판한다. 공부가 부족하고 실력도 미천하다고 말한다. 동종업계에서는 감히 할 수 없는 말을 그는 주저 없이 한다.

그는 누구의 눈치도 보지 않는다. 태권도학 또는 태권도철학이 발전하기를 진정으로 바라는 마음이 우선하기 때문이다. 학문적으로 비판이 쉽지 않은 태권도학계에서 그는 쉽게 비판대상을 가리지 않는다. 기존의 태권도철학에 대하여 비판한다. 태권도철학은 철학이론을 무비판적으로 태권도에 대입했을 뿐 태권도 자체의 철학이 없다고 비판한다. 그것은 태권도철학이 아니라는 강조한다.

특히 태권도학계에서 이창후는 이해관계가 없기 때문에 학자들의 주장을 비판한다. 학문적으로 주장을 검토하기 때문에 문제가 있다고 생각하면 가감 없이 지적한다. 하지만 태권도학을 전공하는 신진 학자내지는 아직 자리를 잡지 못하고 시간강사로 연명하고 있는 학자들은 선배학자들의 주장을 비판하지 못하고 순응할 뿐이다.

비판이 없는 학문은 발전 가능성이 매우 낮다. 문제를 제기하고 비판을 하는 과정에서 완전한 주장과 이론을 생성할 수 있기 때문이다. 그런데 태권도학은 비판이 없다. 거기에는 신진학자들이 경제적 자립이 불가능하기 때문이다. 경제적으로 문제가 없다면 누구의 주장이라도 문제가 있다면 비판할 수 있다. 바닥이 좁은 태권도학계에서 후배가 선배학자를 비판하지 않은 분위기가 형성돼있다.

학자가 자기주장과 이론을 펼칠 수 있는 근거는 경제적 자립이다. 경제적 자립이 불가능 하다면 비판한다는 것은 거의 불가능에 가깝다. 대학에 자리를 잡거나, 경제적 자립을 가능할 때 비판과 자기주장이 가능하다. 왜냐하면 누군가 자신을 비판하면 바로 보이지 않는 보복을 받을 수 있기 때문이다.

유치하지만 현실적으로 일어나고 있다. 학문적 비판은 학문적 비판으로 대응해야 상식이다. 이러한 상식도 지켜지지 않고 보이지 않는 곳에서 폭력을 가한다. 학회의 논문심사라든가, 학위논문 심사, 한국연구재단의 연구비심사에서 폭력을 휘두른다. 왜냐하면 기존의 학자들이 평가라는 권력을 가지고 있기 때문이다.

생존과 학자로서 자신의 주장을 하며 살기 위해서는 살림살이가 중요하다. 그렇지 못하면 경제적 빈곤은 적자인생으로 전락하고 만다. 결국에는 자신의 학문을 할 수 없게 된다. 그 결과 학문세계에서 퇴장할 수밖에 없다. 고생하여 성취한 학문적 능력은 하루아침에 사라질 수 있다.

자기관리의 일차적인 일은 살림살이다. 자신의 분수에서 벗어난 생활은 과잉으로 인하여 경제적 파산을 당할 수 있다. 어느 정도의 생활을 하다가 경제적 빈곤의 나락으로 떨어지면 여러 가지 것들을 포기해야 한다.

폭 력

"폭력은 폭력을 부른다"

　인간이 인간을 지배하기 위해 가하는 폭력은 심각하다. 폭력은 여러 형태의 폭력으로 나타난다. 언어폭력, 물리적 폭력, 성폭력 등 다양하며 그 성격 또한 다양하다. 폭력이 사라지지 않고 존재하는 이유는 사회적 약자에 대한 지배를 강화하기 위한 행동 때문이다. 그렇다면 사람이기 때문에 서로에게 평등과 자유를 전제로 한 관계유지는 현실에서 실현하기 어려운 일인가. 가능한 일이지만 현실에서 존중과 배려가 사라지고 지배와 복종만을 강요하기 때문에 어렵다. 선생과 학생, 코치와 선수, 선배와 후배 등 일상생활에서 발생하는 크고 작은 폭력은 의식적이든 무의식적이든 사회적 지위를 강화하기 위해 나타난다.

단지 자신보다 낮은 지위를 가지고 있다는 이유만으로 다양하게 행해지는 폭력은 사회적 문제이다. 한국사회의 군대를 생각해 보면 폭력의 형태는 드러난다. 선임이라는 이유만으로 반말과 권위적 행위, 그리고 폭력은 군조직의 내부적 특성이다. 제대하면 모두가 사회생활을 하기 때문에 군이라 특수성 때문에 개인에게 가해지는 폭력을 참는다. 문제는 폭력이 폭력을 가져온다는 것이다. 자신이 졸병 시절 당한 폭력을 자신이 연결고리를 차단하는 것이 아니라 또다시 자신이 선임이 될 때 재생산한다는 데 있다. 그래서 폭력은 사라지지 않고 지속된다.

익명성을 가장한 폭력은 한 사람을 죽음으로 몰고 간다. 온라인상에 댓글은 익명성을 보장한 폭력이다. 잘 알지 못하면서 개인적 감정 때문에 상대에게 가하는 폭력은 심각하다. 연예인들을 자살로 몰고 가는 것 중에 하나가 악성댓글이다. 악성댓글을 통해서 개인의 폭력성을 상대에게 전파한다. 가하는 입장에서 쾌락을 얻을 수 있겠지만 피해자 입장에서 폭력의 고통을 얻을 수 있다. 정체를 알 수 없지만 그들에게 당하는 폭력은 한 인간의 영혼을 파괴하고도 남는다. 이외에도 대형 상가에서 고객이 직원에게 가하는 폭력도 심각하다. 손님이라는 이유만으로 직원에게 무리하게 대하는 것은 상식이하라고 할 수 있다.

폭력이 남용하는 이유는 자신의 지위와 인간을 지배하려는 속성 때문이다. 같은 인간임에도 평등과 자유를 존중하지 않고 자신의 권위를 이용하여 함부로 대하는 것은 문제다. 단지 지위가 낮다고, 경제적 약자에 가하는 무언의 폭력은 일상에서 발견된다. 가까운 사이에서도 생각 없는 말은 상대의 입장에서 폭력과 상처가 될 수 있다. 원래 그런 의도가 아닌데도 불구하고 상대방의 입장에서 보면 불쾌한 경우가 있다. 그렇기 때문에 말을 조심해야 한다. 어떻게 받아들일지 모르기 때문에 상대를 배려하는 차원에서 말을 가려해야 한다.

폭력이 폭력을 부르는 이유는 일종의 보상심리 내지는 보복심리 때문이다. 자신이 당했기 때문에 언제가 상대에게 복수를 하겠다는 심리가 내재되어 작동한다. 자신도 당했기 때문에 다음에 두고 보자는 심리이다. 현재는 약자이기 때문에 어렵지만 입장이 바뀌게 될 때 보복을 하겠다는 생각이다. 그 복수는 다양한 폭력의 형태로 등장한다. 특히 익명성을 보장한 댓글 폭력은 상상을 초월한다. 인간 내면에 잠재된 폭력성은 어떤 계기를 통해서 분출된다. 약자들은 술때문에 폭력성이 들어난다. 무의식에 잠재된 폭력이 등장하는 것이다.

어떻게 보면 사람과 사회적 관계를 유지하며 산다는 것은 위험할 수도 있다. 좋은 관계라면 모르겠지만 나쁜 관계가 형성될 수 있기 때문이다. 지위가 낮아서, 나이가 적어서, 여자라서 등등의 다양한 이유 때문에 당하게 되는 폭력은 잘못된 관계 때문에 나타난다.

특히나 존칭어를 사용하는 한국적 상황에서 말 자체를 조심해서 사용해야 한다. 한국사회에서 폭력을 사라지게 하기 위해서는 약자를 지배하려고 하지 말고, 평등 관계를 유지하며, 상대를 배려하고 존중하는 언어 사용에서 찾을 수 있다. 함부로 말하지 마라. 세상에 소중하지 않은 것이 없다.

발 표 2

"발표는 자기광고이다"

국제학회임에도 불구하고 대부분의 발표는 영어로 진행되지 않았다. 이유는 외국인은 초청학자 단 1명 뿐이고 나머지는 대부분은 국내 학자이기 때문이다. 효율성을 따져 본다면 잘 하지도 못하는 영어를 하기 보다는 소통하기 쉬운 한국어로 하는 것이 더 맞다. 그래도 국제학회이기 때문에 자신의 발표를 영어로 진행하는 것이 형식에 맞다. 영어를 유창하게 하지 못해도 차분하게 또박또박 파워포인트를 이용해서 영어로 발표하면 된다. 영어에 대한 공포에서 벗어나 쉬운 영어문장을 사용하여 의사소통을 하면 된다. 국내 학자들 중에는 미국에 유학을 다녀온 교수들이 많은데 그들도 국제학술대회에서 영어로 발표하지 않는다. 그들이 모범적으로 영어로 발표하는 사례를 만들어 주었다면 참여하는 사람들 모든 영어로 발표하는 기회를 가지고 연습을 했을 것이다.

영어는 소통을 위한 도구일 뿐 자신을 과시하는 것이 아니다. 영어를 유창하게 한다고 실력이 탁월한 것도 아니다. 영어는 도구일 뿐이기 때문에 영어문장을 익혀서 자신을 생각을 표현할 수 있도록 기회를 갖는 것이 필요하다. 자주 표현해야 능력이 생기는데 현실에서 자꾸 회피하다 보니까 점점 어려워진다.

20분간의 발표시간을 최대한 지키는 것이 상식이다. 규칙이 존재하기 때문에 그 시간 안에 최대로 자신이 전달하려는 것을 전달하는 것이 능력이고 실력이다. 시간을 초과해서 발표하는 것은 아무리 뛰어난 학자라고 해도 용납되지 않는다.

발표자가 많은 곳에서 시간을 준수하지 않는 것은 무례한 일이다. 발표 시간준수는 기본이다. 기본은 지켜져야 한다. 파워포인트를 이용해서 자신의 생각을 잘 표현하면 된다. 국제학술대회는 영어로 파워포인트를 만들자는 생각은 또 하나의 규제이지만 그래도 국제학술대회라는 면모를 지킬 수 있다.

발표는 자꾸 해야 잘 할 수 있다. 다른 사람이 발표하는 것만 봐서는 실력이 늘지 않는다. 연습하고 준비하고 발표하고 반성하는 일련의 과정에서 발표에 대한 두려움을 사라지게 하고 자신 있게 발표를 할 수 있게 된다. 처음부터 발표를 잘 하는 사람은 없다. 많이 하다보니까 잘 할 수 있는 자신감과 요령이 생기게 되는 것이다. 많이 해보고, 많이 다른 사람이 발표하는 것을 듣고 연습하다 보면 잘 할 수 있다. 다른 사람의 발표를 잘 경청해서 들어야 무슨 내용인지 핵심을 파악할 수 있다.

철저한 준비와 자신감을 가지고 자신이 발표하는 주제에 대하여 가장 많이 알고 있다고 생각하고 발표를 하면 문제가 없다. 파워포인트를 읽어 나가는 발표보다는 보지 않고 자신의 머리를 이용하여 발표하는 것이 최상이다. 파워포인트는 보조 자료에 불과하다. 자신의 생각을 중심으로 발표할 때가 잘하는 발표다. 발표내용을 완전히 이해하고 자신의 언어로 소화시켜야 발표가 잘 된다. 자신감이 무엇보다 중요하다. 자신감 없는 발표는 공감을 얻어내지 못한다.

어떤 젊은 학자는 자신감이 충만하고 자유롭게 영어로 발표를 하는 것을 볼 수 있었다. 그 자신감은 영어에 대한 자신감에서 연유하는 것 같다. 대부분의 국내 학자들은 영어에 익숙하지 않기 때문에 주눅이 들어서 머리를 숙이게 된다. 자신감을 발견하기가 쉽지 않다. 자신의 생각을 영어로 표현할 수 있을 정도로 연습을 하게 되면 영어에 대한 공포는 크지 않다. 너무 독해 위주로 영어를 학습해서 읽기는 하지만 회화를 잘 못하는 이유도 여기에 있다.

영어로 표현하는 훈련이 없었기 때문에 영어라는 어려움을 직면하게 된다. 국제학술대회는 영어라는 공식 언어를 사용하는 것이 현실이다. 공식 언어는 영어이다. 영어에 대한 훈련을 통해서 자신감을 회복해야 한다. 영어가 대세이기 때문에 영어를 회피할 수 없다. 영어를 그래서 공부해야 하는 이유다. 최소한의 영어표현을 익혀야 하는 이유도 여기에 있다.

비 판 2

"비판은 비난이 아니다"

비판은 말보다 글로 하는 것이 좋다. 왜냐하면 감정을 자극하지 않고 목적을 달성할 수 있기 때문이다. 비판을 좋아하는 사람은 없다. 비판 때문에 거리가 멀어지는 경우가 종종 있다. 그럼에도 불구하고 학문하는 사람은 비판을 먹고 살아야 하기에 비판을 하지 않을 수 없다. 무비판으로 공부를 한다는 것은 거짓이다.

비판해야 학문이 된다. 그렇다고 논문이 아니라 사람을 비판해서는 안 된다. 그리고 비판을 수용하지 못하는 사람에게 비판을 하지 말아야 한다. 적어도 비판을 수용하려는 태도를 가진 사람을 상대로 비판을 해야 한다. 그래야 별 문제가 생기지 않는다.

비판을 말보다 글로 하는 것이 좋다. 비판의 글은 읽는 과정에서 차분하게 감정적 대응이 아니라 이해를 하도록 돕는다. 그러면 강점 싸움이 일어나지 않고 학문의 성취를 할 수 있다. 다른 사람의 비판을 감정으로 대하지 않고 이성적으로 대응하는 것이 학자의 태도이다. 자기를 비판했다고 좋지 않은 감정을 가지면 그것으로 졸렬한 인간이 되고 만다. 비판은 관심의 대상이고 좀 더 완벽한 논문을 쓰는데 유용하다. 비판은 많으면 많은 수록 좋은 논문이 될 개연성이 높다.

비판의 면도날을 날카롭게 해야 비판이 성공한다. 예상되는 반론을 준비하여 예리하게 비판하는 것이 좋다. 준비가 소홀하여 대충하는 비판은 역 공격을 받기 쉽다. 철저한 근거와 자료위에서 비판을 해야 한다. 설 부른 비판은 오히려 반감만을 가져올 뿐이다. 침착하고 예리하게 논문에 도움이 되는 비판을 해야 그것이 제대로 된 비판이다.

논문이나 발표문 그 자체에 대한 비판이어야지 연구자에 대한 비판은 되도록 하지 않는 것이 현명한 방법이다. 철저한 이해도 하지 못하고 자신의 입장에서만 비판하면 그것은 수준 낮은 비판이다. 비판을 위한 비판이 되지 않도록 원고를 숙독하고 전체 이해를 한 상태에서 도움을 줄 수 있는 방향으로 비판을 해야 한다.

논평이나 서평의 경우 칼날과 같은 내용이 생명이다. 논문을 평가하는데 혹은 책을 평가하는데 미사어구만 나열하면 그것은 논평과 서평의 자격을 상실하게 된다. 있는 그대로 사실을 비판해야지 다른 것을 비판해서는 안 된다.

태도나 윤리 문제를 가지고 비판을 하게 되면 그것은 연구자에 대한 인신공격에 불과하다. 논문이나 책 그 자체에 대한 비판이어야 한다. 적어도 제대로 읽고 논평이나 서평을 해야지 읽지도 않고 하는 것은 무책임한 행위이다. 그 논문과 책을 쓰기 위해서 보낸 시간들을 생각한다면 도움을 줄 수 있고, 좀 더 완벽한 논문이나 책이 되도록 도와줄 수 있는 비판이 되어야한다.

비판에 대하여 사람들은 주의할 것을 말한다. 대안

없는 비판을 하지 말아야 한다. 대안이 없다면 비판만으로 흐를 수 있다는 우려를 보인다. 문제만 지적하고 어떻게 고쳐야 한다는 내용이나 지시사항이 없다면 그것은 비판을 위한 비판에 머물 가능성이 높다. 올바른 비판을 위한 지침을 알아보자.

첫째, 대안을 준비하는 비판이어야 한다. 눈에 들어오는 내용만 비판하는 것이 아니라 전체 논문의 틀이나 방향에 대하여 도움을 줄 수 있는 비판이어야 한다. 상대를 절망을 주는 비판이 아니라 희망을 주는 비판이어야 한다.

둘째, 비난이 아니라 비판을 해야 한다. 비판을 하는 것인지 비난을 하는 것인지 분간이 가지 않는 경우가 종종 있다. 분명 비판을 하고 있는 것인데 내용을 들어보면 비난을 하고 있다. 사람이 문제가 아니라 글 자체에 관심을 집중하여 비난이 되지 않도록 자신을 경계하고 주의하면서 비판을 해야 한다. 그렇지 않으면 비판이 아니라 비난이 된다.

비난을 좋아할 사람은 없다. 맞대응으로 감정싸움이 되고 그것이 깊게 되면 서로간의 원수가 된다. 학계에도 서로 원수가 된 사람이 여럿 있다. 심사과정에서 아니면 논평하는 가운데서 서로의 감정을 상하게 해서 거리를 멀어진 경우이다.

셋째, 비판하는 요령을 배워야 한다. 처음부터 무조건 비판으로 시작해서 비판으로 끝나서는 안 된다. 처음에는 칭찬을 하고 이후에 비판을 하는 것이 순서이다. 장점을 부각해서 말하고, 약간의 단점이 있는데 그 내용은 이렇다는 지적을 하면 대부분 비판을 수용한다.

요령 없이 비판을 하면 싸움이 일어날 가능성이 높다. 주변 상황을 잘 살피고 예의를 갖춘 정중한 비판이어야 하다.

달 인

"달인은 반복의 결과이다"

사람은 세상에 태어나는 순간부터 생존하기 위해서 일을 하지 않을 수 없다. 개인이 하는 일은 신체를 사용하는 육체노동이 있고 머리를 써야 하는 지적노동이 있다. 신체적 동작을 위주로 하는 육체노동은 기능의 숙달이 필요하다.

한 동작을 지속적인 반복으로 인하여 실행하는 과정에서 능숙한 기능을 가지게 되고 다른 사람이 따라할 수 없을 정도의 속도와 정확성을 갖게 된다. 그 이유는 어느 동작에 대한 자기만의 신체동작에 따른 독창적 적용을 따라서 형성된다. 똑 같이 해서는 안되고 쉽고 빠르게 할 수 있는 방안을 고안하는 과정에서 자기만의 신체 지식을 가지게 된다.

우리 주위에서 생활의 달인들이 많다. 모두 자기 분야에서 반복적인 행위를 통해서 얻게 된 말 그대로 생활의 달인들이다. 단순한 동작을 기계적으로 하다보면 숙달하게 되고 그것이 속도와 정확성을 갖게 되면 기계보다 더 빠른 일을 할 수 있게 된다.

물론 컴퓨터 프로그램을 통해서 기계가 할 수 있는 분야가 있겠지만 사람의 손이 가야하는 정밀한 부분이 존재하기 때문에 생활의 달인은 꼭 필요하다. 예를 들어 제과점에서 빵을 포장하는 것은 기계가 할 수 없기 때문에 사람의 손이 필요하다. 그런데 사람들이 줄을 서고 있다면 빠른 동작을 요구하는 사람이 필요하다.

운동선수 역시 같은 동작을 여러 번 반복하는 과정에서 운동 기술을 습득하게 된다. 근운동감각을 통해서 몸에 감각을 익숙하게 숙지하게 되기 때문에 눈을 가리고도 농구 슛을 성공시킬 수 있는 것은 감각세계가 뛰어나기 때문이다. 농구 슛을 정확하게 하기 위해서는 수만 번의 같은 동작을 연습하기 때문에 자동적으로 몸에 익히게 된다. 생활의 달인들이 그들의 직업에서 얻게 되는 신체적 기능과 운동선수들이 운동연습에서 형성되는 신체적 지식은 같은 선상에서 이해될 수 있다. 문제는 연습이다. 연습이 완벽을 만든다고 지속적인 시행착오와 반복적인 연습을 통해서 운동의 달인이 탄생하게 된다.

하지만 지적 노동을 하는 사람들 역시 반복을 통해서 형식을 익히게 되지만 내용은 반복적 행위에서 얻어지는 것이 아니라 독창적 사유를 통해서 형성된다는 점에서 신체적 지식과는 차이를 가진다. 머리를 써야지 새로운 해석과 차이를 발견할 수 있다. 반복적 행위만을 하다가는 똑 같은 지식을 만들어 내게 된다. 지적 노동 중에 기계적인 반복행위를 통해서 형성되는 분야도 존재한다. 하지만 창의성과 상상력, 사고력을 요구하는 지적 생산 분야에서 달인은 깊은 사고와 넓은 사유를 할 수 있는 사람에게 가능할 뿐이다.

인문학적 지식을 탄생시키기 위해서는 인문학적 소양을 훈련받은 전문 작가나 학자들에 의해서 생산된다. 고도의 지적 훈련을 통해서 세상을 보는 안목과 통찰력을 얻을 수 있기 때문이다. 대학에서 4년 동안 하는 교과지식은 바로 눈앞에 나타나지 않지만 이미 세상과 사물을 보는 안목과 통찰력을 형성하게 된다. 그 결과 새로운 인문학적 지식을 생산할 수 있는 지적 토대를 가지게 된다. 생활의 달인과 같이 빠르게 정확하게 숙련된 동작을 펼치기 위해서는 인문학자의 경우 읽고, 해석하고, 비판하는 반복된 행위를 통해서 얻게 된다. 그 결과는 눈으로 확인하지 못하지만 그가 써낸 글을 통해서 지적 숙련 단계를 검증할 수 있다.

사람은 누구나 일을 하고 그것으로 생존하고 있다. 자신이 하는 분야에서 전문가로서 혹은 달인으로서 누구에게나 인정을 받기 위해서는 자신만의 노하우를 통하여 형성된 숙달된 지식이 있어야 한다. 다른 사람이 따라올 수 없을 뿐만 아니라 접근하기 조차 어려운 분야의 지식을 가져야 달인이라고 할 수 있다. 한 분야의 전문지식은 끝임 없는 연습과 노력을 통해서 형성된다. 어느 날 갑자기 형성되는 것이 아니다. 그것은 손의 미묘한 감각을 통해서 형성된 것과 사고 훈련을 통해서 형성된 것이든 모두가 일정한 단계의 노력과 연습을 요구한다는 사실에서 공통점을 발견할 수 있다.

4등

"탈 인습적 사고가 필요해"

우연한 기회에 스포츠인권영화 시사회에 가게 되었다. 스포츠영화를 즐겨보는 입장에서 스포츠영화라는 말에 일단 보고 싶은 생각이 앞섰다. 개봉하기 전에 미리 영화를 볼 수 있다는 마음으로 영화관으로 향했다. 기대 반 걱정 반으로 보게 되었다.

문득 영화 〈4등〉을 보면서 생각난 단어가 있다.

"post conventional thinking(탈 인습적 사고)" 이 단어는 대학을 다닐 때 학과 티에 새긴 단어이다. 당시 기독교윤리학, 사회윤리학을 전공하신 교수님이 우리에게 탈 인습적 사고를 하면서 살아야 한다고 알려주신 단어이다. 탈 인습적 사고는 영화 〈4등〉에 꼭 맞는 단어다. 아는 만큼 보인다고 알고 있었던 단어가 문득 떠올랐다.

영화에서 때리면 기록이 좋아진다. '폭력 = 2등'이라는 인습적 사고(당연하게 생각함)에서 벗어나지 못하고 재현되는 것을 확인할 수 있었다. 16년 전 국가대표 수영선수 김광수는 과거의 폭력을 거부했지만 현재는 폭력에 대한 향수를 가지고 폭력을 사용하고 있었다. 자신이 부정했던 폭력의 늪에서 벗어나지 못하고 폭력의 힘을 맹신하고 있었다. 폭력 때문에 수영을 포기했던 광수는 폭력의 힘에서 벗어나지 못하고 있었다.

광수는 선수시절 누구보다 수영을 잘 했다. 천부적인 유전자를 타고 난 것도 있겠지만 자신이 생존하지 위해 필사적으로 노력한 결과라고 할 수 있다. 그는 말한다. "기록이 좋은 아이들은 휴게실에서 떡볶이나 순대를 먹고 반면에 기록이 안 나오는 아이들은 선생님에게 맞았다. 그 때 떡볶이 대신 자신을 때려 주었다면 훌륭한 선수가 될 수 있었을 것이다"라고 말한다. 그 역시 폭력의 효과를 맹신하고 항상 4등만을 하는 준호에게 승리를 하기 위해서는 승부욕과 집중력이 필요하다면 체벌을 가한다. 말이 체벌이지 폭력이다.

영화에서 '폭력 = 2등'이라는 인습적 사고에서 벗어날 때 4등에서 벗어나 자신이 원하는 1등으로 하고 만다. 등 떠밀려서가 아니라 자신이 좋아서 한 진짜 수영의 결과이다. 영화에는 4등, 2등, 1등이라는 기록이 나온다. 노력은 하지만 기록은 언제나 4등을 넘지 못한다. 4등을 넘어서야 체육특기자가 돼서 자신이 원하는 대학을 갈 수 있다. 그래서 전문코치를 만나 기록에 도전해서 2등을 한다. 2등이라는 숫자는 엄마가 간절히 바라는 숫자이다. 하지만 2등은 폭력을 통해서 얻은 결과물일 뿐이다. 기록, 승리, 결과라는 감옥에 감금당하고 몸 닦달하여 얻은 기록이다. 진짜 수영은 자신이 좋아서 자발적으로 노력해서 얻은 1등에서 시작된다. 만족하고 의미를 찾을 수 있는 등수이다.

영화는 1등에서 끝난다. 그게 준호의 진짜 실력이다. 좋아서 혼자 연습하고 대회에 출전하여 거둔 실력이다. 수영이 좋아서 했고 수영하기를 무척 좋아하는 준호는 스스로 연습하고 노력하여 1등을 했다. 그 전의 4등과 2등보다도 더 가치 있는 등수이다. 우리는 1등만을 기억하는 잔인한 사회에 살고 있다. 나머지 등수는 아무리 열심히 해도 인정받지 못한다. 그래서 "이겨야 산다"는 말이 운동선수에게 진리가 되었다.

우열과 열등의 사이에서 벗어나기 위해 가해자와 피해자로 몸부림치다가 지친 피로한 인간들이 우리의 모습이다. 하면 된다는 성과사회의 결과는 피로한 우리들의 모습에서 발견된다. 체육계에 만연해 있는 폭력문화는 가해자와 피해로 나눌 수 있을 정도로 투명하지도 않다. 누군가에게는 가해자일 수 있고, 피해자일 수 있다.

숫자에 감금당하는 순간 우리는 기계가 된다. 수영하는 기계가 되어 수영을 하고 있지만 그것은 나를 억압하고 착취하는 가짜수영일 뿐이다. 진짜 수영은 숫자의 감옥에서 벗어나 자유롭게 물과 노는 것이다. 물고기가 자유롭게 물에서 헤엄치는 것과 같이 등수를 초월하는 것이 진짜 수영을 하는 것이다.

■저자 이학준

한림대 철학과
고려대 대학원 체육학과 석사 및 박사
전)한림대 한림철학교육연구소 연구조교수
전)한국스포츠인류학회 회장
현)한국체육철학학회 편집이사 및 편집위원
〈저서〉 스포츠 삶을 바꾸다, 영화로 만나는 스포츠,
싸우는 스포츠, 공정한 스포츠 행복한 스포츠,
성찰하는 스포츠, 철학하는 태권도

초판발행   2016년 6월 15일
저   자   이 학 준
발 행 인   권 호 순
발 행 처   시간의물레
등   록   2004년 6월 5일
등록번호   제1-3148호
주   소   서울시 마포구 마포대로 4다길 3(1층)
전   화   02-3273-3867
팩   스   02-3273-3868
전자우편   timeofr@naver.com
블 로 그   http://blog.naver.com/mulretime
홈페이지   http://www.mulretime.com
I S B N   978-89-6511-156-6 (03190)
정   가   10,000원